「琉球文明」の発見

海勢頭　豊

藤原書店

「琉球文明」の発見

目次

第二章　黄河文明におけるジュゴン信仰の展開　76

第三章　奴人とユダヤ民族　91

第四章　女王国の領域　123

第二部　「琉球文明」の覚醒　135

題字・象形文字　豊平峰雲
装　丁　作間順子

「琉球文明」の発見

序章　おとぎ話

ジュゴンの楽園

「じい、……」

「ん～？……」

「日本政府って、変だよね？」

「ん～、変だね……。政府もだが、国民も変だ」

「どうしても造ろうとしているよね」

「辺野古新基地だよな……。で、何か、わけでも知りたいんか？」

「沖縄をいじめる理由だよ」

「虐める理由ね、……それは歴史を知らんとな」

「だから、教えて？」

「じゃ～、話すが、……やはり、南西諸島の話からせんといかんかな」

「南西諸島？」

「琉球の島々のことだ。今から、およそ一七〇万年前から一二〇万年前までの南西諸島は、台湾や中国と陸続きだったそうだ。つまり、その頃の沖縄は大陸の一部だったということ」

「いや、そんな大昔じゃなく……」

「いいから黙って……。とにかく一二〇万年前の南西諸島は、台湾から陸橋が伸びて、八重山、宮古、沖縄、奄美まで陸続きだったそうだ。陸橋はトカラ海峡で途切れ、その向こうに、九州側の半島があった。そして、現在の東支那海を包むように内海が形成されていた。そこで、その五〇万年にもわたる陸橋の時代に、象や鹿やキョン類、猪、兎、猫、鼠類、鳥類、両性類、亀やハブなどの爬虫類、その他さまざまな生物が渡ってきたと言われている。つまり、一二〇万年前までは氷河期で陸続きだったが、その後、温暖化が進んで海面が上昇し、辛うじて残った所が、現在の南西諸島と日本列島ということになる。そして沖縄本島ができ、じいが生まれ、お前が生まれたということ……聴いているのか？」

「ん〜、……聞いてる」

「想像してみ。気の遠くなるような清らな世界。……ゆったりと時が流れ、氷河や氷山が溶け、そして大陸が沈んでいった。そのような、変動する地球環境に耐えて生きぬいてきた動植物は、一体、どのように適応し進化してきたか、分かるか？……」

「ん〜、分かりません」

「おそらく、大陸沿岸部は、象や鹿のいる草原だ。そこに南西諸島の元になる陸橋があり、内海ができていた。そして、河川から流れ込む水で、塩分濃度の低い湿地帯ができていった。するとそこに生えていた草のなかで、水没する環境に適応するものが現れ、海中でも花を咲かせるようになった。そして、その草を食べていた象に近いとされるジュゴンの仲間も、また、知らず識らずのうちに海中での生活に適応し、珊瑚礁の海で暮らすようになった。つまり、……それが、現在我々の知っている海草《うみくさ》と、ジュゴンの関係ということになる」

「ジュゴンって、海草しか食べないの？」

「そう、海草しか食べない。考えてみると、海草の適応力があったから、ここは、ジュゴンの楽園だったことになる」

「楽園って、そんなにジュゴンがいたの？」

「いたようだ。かつての琉球王国では、ジュゴンの肉を王に捧げ、中国の使者にも捧げた最高のご馳走だったとされている。今では乱獲がたたって、絶滅寸前だが……」

「今もジュゴンはいるの？」

「んん……本島北部に、三頭だけが、確認されている」

「え、たった三頭……？」

「そう、たったの三頭だ。……父親のAと母親のBと、子供のCだが、大浦湾にいた若いCちゃんが、二〇一五年以来、行方不明で……それに父親のAまで見えなくなった」

「工事が、原因ってこと？」

「勿論、そうだが」

「心配だね、……」

旧石器時代人

「ところで、アフリカが発祥とされる人類は、一体、いつ頃から東アジア沿岸部に住むようになったたか、分かるか?」

「ん、分かりません」

「学者によれば、二万年前の最終氷河期末期にも、南西諸島は再び陸橋を形成していた時期があったそうだ。そのときは、本島や奄美はつながっていなかったらしいが」

「じゃあ、宮古島と、離れていたんだ」

「そう。ところが、その頃、すでに我々の祖先が住んでいたというから驚いた。まずそのことを、東アジアで発掘された旧石器時代人の資料で見てみよう」

(1)四万年以上前と推定される、マレーシアのニア洞人。

(2)三万~四万年の間と推定される、中国の周口店田園洞人。同じく沖縄本島の山下町第一洞人。インドネシアのワジャク洞人。

(3)二万~三万年の間と推定される、宮古島のピンザアブ洞人。そして、石垣島の白保竿根田原洞人。日本(静岡)の浜北人(下層人)。そして、有名な沖縄本島の港川人。

（4）一万〜二万年の間と推定される、中国の周口店山頂洞人。沖縄久米島の下地原洞人。日本（静岡）の浜北人（上層人）。そして、沖縄本島のサキタリ洞人。インドネシアのペラ人。

（5）ほかにも、沖縄本島伊江島のゴヘズ洞人、同じくカダ原洞人。本島の桃原洞人、大山洞人などあるが、いずれも年代不明。

「な、すごいだろう。日本国内で見つかった一一カ所の旧石器時代人のうち、実に一〇カ所が、南西諸島での発掘だ。しかし、その多さは、何を意味していると思う？　確かに南西諸島は弱アルカリ土壌で、骨が残りやすいということはある。だが、そういうことじゃなく、常識的に考えれば、氷河期の凍てついた本土より、暮らしやすかったことになる」

「だけど本土は、一万年以上も縄文人が暮らしていたってよ」

「それは、温暖化してからの話だ」

陸橋時代の暮らし

「資料を見ると、沖縄本島では三万七千年前の山下洞人の発見があり、南城市のサキタリ洞からは、三万五千年前の最も古い木炭が出土している。その他、三万年前の幼児の人骨や、二万三千年前の貝加工された世界最古の釣針も発見されている。これまでは、東ティモールで発見された二万三千〜一万六千年前の釣針が世界最古とされてきた。しかし、サキタリ洞から出土した釣針は、同列のものとしては保存状態もよく、年代の確実さも高いという」

「じゃあ、琉球開闢《かいびゃく》の祖先って、ほんとは、三万年前から、住んでいたんだ」

「そうだな……」

「木炭も、釣針もあったんだよね……」

「そう、木炭もあり釣針もあった。また、二〇一〇年五月のサキタリ洞発掘調査では、三万年前の幼児の骨のほかに、食料とみられるモクズガニの爪が約一万点、ウナギなどの魚の骨、カワニナ、焼けた鹿の化石が見つかっている。しかも、それらが三万五千年前の遺物だというから驚く。となると、沖縄本島への人類の到達は、少なくとも三万〜三万五千年以上も前ということになる」

「うん、でも、すごいよな。ガマの中が、まるで宴会場だ」

「サキタリ洞遺跡から、約一万四千年前の石英製石器や二万年前の貝器なども発掘され、居住空間であった証拠が、二万年にもわたり続いているそうだ。それに、サキタリ洞にほど近い港川フィッシャー遺跡では、すでに二万二千年前の港川人が発掘され、本島南部での世界的発見が相次いだことになる」

「そうか……港川人だけじゃないんだ」

「しかも、本島中部うるま市の藪地洞穴から、六千年から九千年前の爪型文土器、貝で模様をつけたとみられる波状文土器、貝製の矢じり、石斧、イノシシの骨、カキ、シナレシジミなどが、多数発掘されている。これらの調査結果で分かったことは、旧石器時代人が、意外にも文化的で、バランスの良い食生活を送っていたということだ」

「そうか。少し、見なおさんといけないね」

宗教のめばえ

「しかもだ、さらに驚くべき発見があった。いわゆる宗教のめばえとも言える発見だ。それは、陸橋時代の南西諸島に、我々とそう変わらない、命を大切にする人々が住んでいたということだ」

「でも、生き物って、みんなそうじゃないの?」

「そりゃそうだが、ただ、人間がほかの動物と違うのは、死んだ者への弔いを真面目に考えて行っているということだ。しかし、いつ頃から弔うようになったかは、分かっていなかった。そのような、人類史上の謎とも言える世紀の発見が、石垣島の、白保竿根田原洞穴遺跡の調査で見つかった。それが、風葬跡だった」

「?」

「二〇一七年六月四日の琉球新報に、『遺跡からは少なくとも一九体分の旧石器時代の人骨が確認され、世界でも最大規模である。うち二体は頭骨も含めてほぼ全身の骨格が残り、最も古い四号人骨は港川人よりも約五千年古い約二万七千年前で、全身骨格として最古となった。五カ所に集中して複数の人骨が見つかったことから墓地と判断された。また四号人骨の出土状況から、遺体の手足を折り曲げて膝が胸の上にある『屈葬』だったことも明らかになった。白保遺跡からは石器などの人工物が見つかっていない。人々の生活の痕跡がないことも墓地であることを裏付けている。旧石器時代の白保の人々が死者を弔う場所を、生活の場と分離する文化を持っていたということだ。海外の墓地の遺跡などで見つかっている花粉は検出されていない。死者に花を手向けるという文化はなかったのかもしれない。』と、このように掲載されていた」

「ん〜、風葬って、死体を野ざらしにすることだよね」

「そうだ。記事の通り白保の人々が弔いの文化を持っていたとしたら、我々と変わらない死生観をもっていたかもしれない。ひょっとすると、かつて、島々で行われていた風葬の慣習から、旧石器人の思想が読み取れるかもしれん。いや、すでに、弔い方に関する始原的な教えが、存在していたかもしれない。さらに、宗教の大本となった教えが存在し、それが大陸にまで広がった可能性さえある」

「だけど、……宗教って、なんなの？」

「そうだな、問題は、その宗教の中身だ。勿論、宗教とは、大本の教えという意味だ。それなら、白保洞人には、何らかの大本の教えがあって風葬にしたのか、ということだが、それは、多分、あったと思う。きっと、平和に生きるための教えがあったとな……」

「じゃあ、平和に生きるための教えが、宗教ってこと？」

「そりゃあそうだ。そうでなけりゃあ、宗教とはいえない。また、宗教を持つ意味がない。ほら、沖縄には、いろんな教訓歌や諺《ことわざ》があるだろう。それが、平和に生きるための教えとしてあるということは、それは沖縄における宗教であるということだ」

「んん～、確かに、教訓歌って、そういうことか～」

「洞人の風葬は、膝を抱く屈葬だった。もしかして、胎内にいたときの姿勢に戻して、再生を願ったのかもしれない。よく、足を曲げて葬るのは、二度と歩けないようにするためだと言うが、それは、死者に対して失礼な考えだ。死んだものへの愛おしさや、尊敬の思いがあるからこそ、生命を大切にする思想も生まれる。たとえ、それが素朴でも、教えが正しければこそ、幾万年、幾千年も語り継がれ、それが、今日のウチナーンチュのアイデンティティーになったんだと思う」

「いや～、太古から、現在につながったよ」

「しかし、今の日本で生命と平和を大切にする宗教が正当な扱いを受けているか、というと、そうじゃない。むしろ、邪魔扱いされ、差別されている。見てごらん、日本の政治家が、反宗教的思想で戦争に向かおうとしているのに、いわゆる「宗教界」は、彼らの暴走を止められないでいる。まして、キリスト教国米国が混乱状態で、どうしようもない。イスラエルとパレスチナ問題一つで、それが分かるだろう。でも、それは何故か、ということだ。それは、宗教と言われているいまの宗教が平和を教える力を失っているというより、元々が大本の教えから外れてしまっているからではないのか?」

龍宮神

「じいは、平安座島の男の神人《かみんちゅ》だよね。神人って、なんなの?」

「神人は、神女たちが行う祭祀を補佐して、島が平和でありますように、島人《しまんちゅ》が健康でありますように、そして、豊かに暮らせますようにと、神事《かみごと》に仕える役目を担っている人だ」

「神社の神主や宮司と同じなの?」

「いや、違う。宗教に対する立場が違う」

「えっ、何が違うの?」

「宗教を守るのが神人の立場だ。しかし、神主はそうじゃない」

「じゃ……神主って、何を守るの?」

「神主や宮司は宗教を守っていない。守っているのは神道の立場だ。しかも、神道は宗教じゃないから、平和のために神社経営をしている訳じゃない。だから、実際に、日本は戦争する国になって負けた」

「……じいは、戦争の時代に生まれたんだよね」

「沖縄戦の始まる前、一九四三年十一月十七日に生まれた。でも、戦争の記憶はない。ただ、物心がつくと、泣きわめいていた周りの様子から、戦争があったことを知った。そして、しばらくして、海勢頭家が龍宮神を祀る神役の家だと分かった。しかし、海軍だった父が戦死し、また、神人を務めていた伯父夫婦には子供がいなかったため、結局、じいが神役を継ぐことになった。神人は、世襲制で断れなかった。それで、祭日や節日には、島の神屋《かみや》で祈願を務め、御嶽《うたき》まわりをするようになった」

「大変なの?」

「いや、大変じゃないが、ただ、龍宮神が何たるかを知らないと、務めても意味がない。そう思って、謎を明かそうと考えてきた。それで生涯を費やしてしまったが、しかし、無駄じゃなかった。不思議に、不可能に思っていた古代の謎が、少しづつ解けるようになった。そりゃあ、全く見えなかった歴史が、少し見えただけでも嬉しいもんだ。ところが、龍宮神が何たるかを確かめるのに苦労した……誰も教えてくれないし、分かる人もいなかった」

「それで、龍宮神って、なんだったの?」

「龍宮神が何かは、神屋の曲玉《まがたま》を見て分かった。曲玉は、ジュゴンを象《かたど》った霊玉だった。それに、曲玉は本来真玉と呼ばれていたことも、琉球の歴史文化から分かった。そして巴紋も、曲玉を図案化したものだと分かった。特に左三つ巴紋は、ジュゴン信仰を象徴化したものだった。琉球王朝氏族の紋が左三つ巴紋であること。琉球王朝秘宝の器や、神器とされる三線《さんしん》の胴に、三つ巴紋が印されていること。それらを見れば、巴の紋が、ジュゴンを象ったデザインであることぐらい、誰にでも分かることだった。さらに、その三つ巴紋の象徴が、毎年各部落の女たちの踊るウスデークの小太鼓にも、また、青年たちの踊るエイサー太鼓にも印されていた。そして、爬竜《はりゅう》船のサバニにも印されていた。その上、博物館などに展示されている絵図を見ると、大交易時代の琉球船のメインポールには『日の丸』が掲げられ、航海安全を願う『左三巴紋』の巴旗が、船縁に立てられ、船尾にも印されていた。それらの三つ巴紋を見て、ジュゴンが琉球王国の守護神であったという事実に、じいは気がついた」

「じゃあ、三つ巴紋って、龍宮神信仰の証拠ってこと?」

「間違いなく、証拠だ。例えば、那覇空港の西に小さく突き出た大嶺岬に、龍宮神が何であるかを記した碑と祠が建っている。空港になる以前、そこは、ザングムイのある大嶺部落だった。その大嶺の人たちが建てた碑には、『龍宮の神は、字大嶺の繁栄・航海の安全・豊漁を祈願して約三百年前に字民の手で建立され、ここに復元して字大嶺の礎とします。平成八年十二月二十九日。字大嶺向上会』と記されている。ザングムイのザンはジュゴンのことだ。三百年前の大嶺には、ジュゴンがいて、そのジュゴンを龍宮の神と祀っていたことが、その碑文から読める。このように、ジュゴンが平和の神・航海安全の神・豊穣の神として、崇められてきたからこそ、毎年、陰暦の五月四日は、南西諸島各地で、伝統的に海神祭が行われてきたことになる。それに、海神祭のメインイベント爬竜船競争の「爬」の字そのものが、巴、即ち、龍宮神を乗せて祭る、立派な証だった」

「?」

「巴という字は、マガタマや巴紋に似ている。だから、ジュゴンを表わした字と考えて間違いない。つまり、巴紋は巴をデザインしたもので、三つ巴紋は、琉球王国の守護神の象徴ということになる。じいは、そのジュゴンと龍宮神が同じだと気がついた。しかも、辺野古漁港の突堤の先には鳥居が立ち、龍宮神の祠がある。そこに、立派な三つ巴紋の象徴が記されている。つまり、日本政府が辺野古の海を汚し、破壊するのを、守護神が見ているということになる。だから、沖縄県民には、政府と闘ってでも辺野古の海を守る義務があるということだ」

「ん〜確かにな〜……でも、なんで、龍宮神がジュゴンなのか」

「まあ簡単に言えば、DUGONGは、ウチナーグチでドゥーグンと発音する。そのドゥーグンに対する漢字の当て字が龍宮だったということだ」

「え、そんな？……」

「そういうこと。……実は、毎年陰暦三月三日は、平安座島でも龍宮祭が行われる。海で亡くなった人のいる家では朝からご馳走を準備し、海岸で龍宮神にお供えした。つまり、海で亡くなった人の魂が龍宮神に加護されるよう祈る日、それが、ドゥーグンマチーだった。マチーとは祭りで、ドゥーグンが龍宮だったんだ」

「うん、でも……なんで、龍なんだろうね」


ジュゴン？　龍宮神？　ザン？

「そうだよな、龍はドラゴンだ。それなのに、ジュゴンに龍を当てている。でもそれは、政治的な理由からだと思う。龍宮の字がいつ頃から使われたかは、じいにも分からん。三世紀のヒミコの時代からではなかったか。勿論、もっと早く、中国で使われていた可能性もある。もしかして、愛媛の道後温泉の『ドーゴ』の由来を調べれば、もう少し分かるかもしれない……」

「愛媛って、四国だよね。本土にもジュゴンはいたの？」

「いや、いないさ。ただ、龍宮神信仰が伝わっていただけだ」

「そう言えば、本土の神社も三つ巴紋を掲げているよね」

「それは、日本に最初にできた国、倭国の象徴だったからだ。当然、ヒミコが掲げたものということになる。だが、後に王権を奪った大和族が、象徴や曲玉を廃止できずに残したということだ」

「どうして？」

「そりゃあ、廃止すれば、祟られるとでも思ったんだろう」

「じゃ、龍宮の意味も隠し、ただ、象徴を掲げているってこと？　じいが、言ったように、神社の神主が宗教を守らないのは、やっぱり、平和の神を祀ると都合が悪いからだよね。そのくせ、象徴を外せないっていうのは、臆病ってことなんだよね……」

「そうだな。日本人は世界一臆病な遺伝子を持った民族だと言われている。だから戦争をして負けたとな。歴史を見れば、大和民族の異常さが分かる。大和朝廷が龍宮神を蔑ろにしてからの日本は、江戸時代を除けば殺し合いの連続だった。それは、日本人が、臆病だったからだ」

「今年は、明治維新から一五〇年っていうけど……」

「そう、特に、昭和が酷かった……。アジアの人々を殺し、国民も死なせ、原爆まで落とされ、未曾有の被害をもたらした、狂った時代だった。それが、明治以降ジュゴンを蔑ろにしたことで起きた不幸だった。つまり、国民が、古代史を知らないために起きた不幸だったことになる」

「歴史を知らないと、不幸になる……」

「じいはとにかく、龍宮がジュゴンだと分かってほっとした。そのお陰で、漢字の呪縛から解放され救われた。古代史を知るには、漢字をウチナーグチで読むことが重要だと気がついた。それなのに、未だに大和をヤマトと読む日本人が多い。それは、漢字に呪縛されているということだ。その呪縛を解くには、ウチナーグチが分からないとできない」

「ウチナーグチって、そんなに大事なの？」

「重要も重要。歴史を知るには、極めて重要な音《おん》を持つ言語だ。龍宮を理解できたのも、ウチナーグチのおかげだった」

「ん〜、確かに……」

「でも、これで一件落着というわけではなかった。謎がまだ残っていた。ウチナーグチでは、ジュゴンをサンとかザンと言う。それはまた、何故か、ということだ」

「ジュゴンとザンは、どっちが先なの？」

「それが分からんから、困った」

「……」

神人の立場

「神人であるからには、当然、ジュゴンを保護しなければならない。そうこうするうち、一九九七年には普天間基地移設問題が浮上し、代替地とされる辺野古の海にジュゴンが現れるようになった。あの時、テレビに映し出されたジュゴンを見て驚いたね。気高い姿は、まさに神のように見えた。子どもの頃にジュゴンを食べた記憶がよみがえって、居ても立っても居られなくなった。ジュゴンは、まだ生きていたんだ。このまま何もしないでいたら、沖縄が祟られるんじゃないか？ そう思って、保護運動に取り組むようになった。二〇〇〇年には、NGOジュゴン保護キャンペーンセンターを立上げ、二〇〇一年には、IUCN（国際自然保護連合）の正式メンバーになって、四年に一度の国際自然保護連合大会にも参加するようになった。それは、辺野古のジュゴンを護るには、世界の良識に訴えることが重要だと考えたからだ。また、ウチナーンチュも、少しはジュゴンの大切さを分かってくれるだろうと思ってな」

「なんで？」

「沖縄県民がジュゴンを正しく理解しているかというと、そうじゃない。よくわからないまま、龍宮祭や海神祭を行っている。しかも、そのような地域の行事に積極的に参加するのは、たいてい辺野古新基地容認派が多い。政治目的と言えばそれまでだが、悲しいかな、その異常な状況に反対派自身が気づいていない。じいは、そのような形骸化した龍宮神信仰と基地反対運動に、怒りを覚えてな」

「ん〜、ほんとだ。いつも来賓席で威張っているのは、自民党系の地域ボスが多いよな」

「形骸化の原因は、評論家や運動家が、沖縄の信仰や祭りを単なる土着信仰としか思っていないということにもある」

「?」

ジュゴンと国家

「とかくジュゴンは、人間が信仰するにたる神獣だ。ジュゴンを守るということは、憲法九条を守ることと同じで、それは、絶対平和を守るということだ。それなのに、ジュゴンの政治的価値を、なかなか理解しようとしない。お題目のようにただ『九条を守れ』と叫んでいるだけでは、国家泥棒を野放しにしているようなもの。平和運動としては、実に、マイナスだということ。そう思わんか?」

「んん〜、じゃ、どうしたらいいか……」

「よく見てみ。この国が良い国ならそれでいい。だが、違うだろう。普通の国というなら、ジュゴンを積極的に保護し、ウチナーンチュを喜ばすのが政府の役割というもんだ。しかし、そうじゃない」

「日本政府は、普通じゃないってこと？……」

「そんな、良い子のまねなんかできんというのが、政府の立場で、ウチナーンチュは敵だということだ。おそらく、『ジュゴンを保護すれば、ジュゴンの歴史研究がされてしまう。そうなると、皇統の嘘がバレ、天皇制国家の崩壊に繋がる恐れがある。それだけは、何としても避けねば』と、考えている」

「なんでよ？」

「それは、国家機密が神武東征神話にあるからだ」

「神武東征？」

神武東征神話の嘘

「神武東征の歴史を明かされたら困るのが、日本政府だということ」

「なんで？」

「ジュゴンの歴史的文化的研究が進むと、神武天皇はジュゴンから産まれたという神話が嘘だと分かり、世界に恥をかくことになる」

「でも、ジュゴンが天皇を産むってあるの？」

「産むわけないだろう。ただ厄介なことに、宮崎の鵜戸神宮の由緒にそう書いてある。そのため、辻褄合わせで苦労しているということだ。由緒には、海神の娘、豊玉姫と玉依姫の姉妹神が、神話の主役として登場する。しかも、妹の玉依姫が神武を産んだことになっている。嘘じゃない。鵜戸神宮に行けば、玉依姫が神武の母だと隠さずに紹介している。だが、そもそも海神とは龍宮神ジュゴンのことだ。人間を産む訳がない。だから、そんなありえない話が研究されれば、神武を初代天皇とする皇統の歴史と神国日本の権威は、根底から崩れることになる。そこで明治以降、兎にも角にも、天皇制国家を護持するために国民を監視し、学者や公務員や文化人に、勲章や褒賞を与えて黙らせ、古代史研究を封印してきた。例えば、奈良時代から昭和初期まで、日本産ヒスイの存在が忘れられていた時期があったが、言うまでもなく、それは朝廷によるジュゴン信仰弾圧と歴史隠蔽があってのことだった。しかしその後、昭和初期に相馬御風さんによって、新潟の糸魚川に産するヒスイの再発見がなされ、昭和十四年には、日本産のヒスイが存在することを『岩石礦物礦床學』という雑誌に発表するに至る。しかし、その後、再びヒスイの研究は影を潜めてしまった。それも、昭和天皇が禁じたからだった。理由は、ヒスイの研究から、ジュゴンの歴史が明らかにされては困るからだ。例えば、糸魚川のヒスイで作られた曲玉の中には、脚のついたジュゴンの形をしたものがある。また、奈良の纏向《まきむく》遺跡からは、安産祈願用の子持ち曲玉などが見つかっている。今の今まで、曲玉は、牙説、三日月説、はたまた胎児説などで、なんとか誤魔化してはきたが、それがジュゴンだと知られると、困るのは宮内庁にとどまらない。何としても避けねばならないのが、国家と、国家を支えている人たちの立場だということ。しかし、そんな惨めったらしい日本は、どうにかして変えねばならんだろう。変えるためなら、神武を議論すればいいじゃないか、ということだが、何故か、マスコミも、この問題には触れようとしない」

「臆病ってこと?」

「そうだろうね。とにかく、政府はそれをいいことに、何が何でも辺野古の海を埋めて、オスプレイが二〇〇機も飛ぶ軍事基地を造り、ジュゴンの棲めない環境にするつもりでいる。それが天皇制国家を安泰にするための最重要政治課題であることは間違いない」

「ん〜、政府がかたくなであることは分かるけど……ほんとに、神武とジュゴンと辺野古は関係あるの?」

八尺瓊曲玉

「今年、環境省は、辺野古問題を抜きに、また、米軍北部訓練場に触れないまま、山原北部の世界自然遺産登録を目指してきた。しかし、IUCNが認めるはずもなく、結局、登録延期を勧告され恥をかいた。いや、それより、そもそも米国側が、無理して辺野古でなくてもいいとするのを、日本政府の方が『辺野古移設が唯一の日米合意』と引き止めてきた経緯があり、それが問題だということだ。一体、何がそうさせているのかを考えれば分かることだが、それでも分からんのが、『辺野古新基地建設とジュゴン』という国家機密の問題ということ。しかも、天皇の神制を保障する『八尺瓊曲玉《やさかにのまがたま》』が大切な神器というのであれば、なおさら、護憲派だろうと国体護持派だろうと、日本国民としては、ジュゴンを保護しなければならないという問題でもある」

「……ヤサカニノマガタマって、なんなの?」

「曲玉は、単にジュゴンを模した飾りではない。それは、龍宮神の霊力を秘めた真玉である。特に、天皇の所有する『八尺瓊曲玉』は、八尺の瓊色《にいろ》のジュゴンを意味する。つまり、天皇の正統性を証明するその秘宝は、辺野古の海のピンク色に輝くジュゴンが、モデルでなければならない。しかし、『曲玉とジュゴンは、関係ない』と言いはるなら、それこそ、天皇の正統性を否定することになり、国家を揺るがしかねない大問題になる。つまり、現憲法が天皇の地位を保障している限り、八尺瓊曲玉とジュゴンの問題は避けては通れないということ。その上で、ジュゴンの歴史的価値を認めればいい。しかしそれでも、なお、政府がジュゴンを殺すつもりなら、やはり、この国は戦前と変わらぬ臆病国家で、それは、祟られ、呪われているということだ」

「もしかして、本物の曲玉を持っていないんじゃないの?」

「そうかもしれん……」

大津波を呼ぶジュゴン

「じい、」

「なんだ」

「ジュゴンを虐めたら、大津波が来るっていうよね」

「それは本当だ。本当だからこそ、先の戦争で未曾有の災害を被り、大日本帝国は崩壊した。それは、日本国民が自ら招いた大津波だった。分かるか?　いやそればかりじゃない。今起きている沖縄県対日本政府の対立や、韓国や中国とのぎくしゃくした外交問題と、それに、北朝鮮を取り巻く平和に向けた融和問題でも、唯一、蚊帳の外に置かれているのが日本だ。

それも、過去の大津波の影響を受け、そうなっている。ニュースを見れば、分かるだろう。敗戦国のレッテルを貼られたままなのが、日本という国だ」

「なんで？」

「そりゃあ、あれだけのアジアの民衆を殺戮し、残忍な行為で迷惑をかけておきながら、犯した罪を認めようとしないからだ。そして、靖国神社を拝む自民党政治への不信感があるからだろう。考えてみ……。日本軍がアジアに侵略する際に先ずやったことと言えば、その国に神社を建て、天照大神を拝ませることからだった。その宗教上の屈辱たるや、許されるわけがない」

「そうだよな……」

「やはり日本人には宗教心がない。また、そう言われても仕方がない。平和のために憲法九条を守る政治家より、天皇制と神道を拠り所にする政治家を選ぶ。それが日本人だということだ。でも、おかしいと思わんか？　あれだけ三つ巴紋を掲げ、お祭り騒ぎをしていながら、その祭りが、平和に繋がらないというのは何故なのか？　戦後七三年、日本神道は一度も『戦争をしてはならない、人を殺してはならない』と反省し、教えたりしたことがあったか？　結局、神社組織が後ろ盾となって、自民党政治を選ばせる仕組みができていたということだ」

「ん〜確かに、お祭りはするけど、宗教じゃないよな。九条が変えられようとしているのに、そのままズルズルと行きそうで、怖いよ」

「それじゃ、戦争の罪を総括したことにはならない。何故、戦後すぐに、ドイツのような反省をしなかったか？　何故、外務省は、わざわざ沖縄大使を置いて、沖縄を監視せんといかんのか？　何故、外務・防衛は国の専権事項と嘯《うそぶ》き、日米関係を誤魔化さなければならないのか？　つまりは、それら全てが、ジュゴンを蔑ろにしたことによって起きた災いであり、祟りであり、呪いの大津波ということになる」

「ん、確かに、呪われているとしか言えないね」

偶像崇拝国家のモンスター

「勿論、日本を占領した米国にも、大いに反省すべき点がある。米国大統領は就任の際、ジュゴン皮の聖書に手を当て宣誓するというが、そのようなキリスト教国家が、何のために日本と戦争したか、忘れているんじゃないか？ということだ」

「ん、分かりません。なんででしょうかね」

「そりゃ、日本が天皇を天照大神の子孫、いや、天皇を神と崇める偶像崇拝国家だったからだ」

「え？　偶像崇拝？」

「そう、日本は偶像崇拝国家だった。旧約聖書のモーゼの十戒に、『偶像を崇拝するな』との戒めがある。当然、キリスト教国米国は、その掟を守る立場にあった。そのため、日本のアジア侵略を許すわけにはいかなかった。その頃、金融恐慌で自信を失っていたこともあって、とにかく、資源の無い日本を経済的に困らせ、封じ込める軍事政策に打って出た」

「日本が真珠湾攻撃したのは、そのためだったの？」

「結局、そうなった。真珠湾が誘い水だった。米国は、反撃の口実を手に入れると、早速、琉球の奪還を考え原爆投下を決断した。それは、偶像崇拝国、モンスターに対する恐怖からだった」

「ほんとうなの？」

「本当だ。嘘じゃない。多くの米国人が、日本をモンスター視して戦ったということ。日本人だって鬼畜米英と叫んで、米軍と戦っていたんだからな。その当時、米国の制作したプロパガンダ映像を見れば、日本という国の実態がよく分かる。それは、天皇を神と崇める日本国民の異様な表情だった。つまり、その頃の米国の指導者は、日本国民を人間としてではなく、モンスター視することで、原爆を落とす気持ちになれたんだと思う」

「んん〜、それでアメリカ人は、原爆を落としたのは正しかったというのか」

「間違えば、日本が先に原爆を作っていたかもしれんからだ」

「わ〜、いやだ。……でも、なんで、琉球を奪還しようとしたの？」

「そりゃあ、かつて、琉球王国はグレートリュウチュウと呼ばれ、欧米のキリスト教社会からは、理想郷のように思われていたからだ。また、米琉修交条約を結んでもいた。その琉球を、明治国家が軍事力で併合したのを、よく思っていなかったことになる」

「宗教上、許せなかったってこと？」

「許せるわけないだろう。考えてもみ。もしも、あの戦争で大日本帝国が勝ち進んでいたとしたらどうなる。アジアに止まらず、欧米のキリスト教社会まで席巻していったとしたら、この世界は、想像するだけで、ゾッとするよ」

「いや〜、それは、負けてよかったとしか言えないね」

ゾンビ化した日本の政治家

「敗戦後の日本は、国も国民も全てが無責任状態で始まった。勿論、戦前の日本人は、自分たちの国は神の国で正しくて、自分たちはいい人だと思って戦争をした。がしかし、戦争に負け、米軍の支配下に置かれてしまうと、もうどうでもいい国、どうでもいい人になっていた。戦争の反省などどこ吹く風。原爆の被害だけがやたら叫ばれ、自分たちがモンスターであったことなど、考えようともしない。昭和天皇はというと、いち早く、自らの地位も国民も、丸ごと米国に委ねてしまって……それも、国民の知らぬ間にだった」

「天皇が、なんでそうしたの?」

「それは、ソ連が参戦したからだ。米国にとって、共産主義の拡大も、日本への侵攻も脅威だった。まして、天皇には、民主主義も共産主義も受け入れられるものではない。受け入れてしまえば戦争責任が問われ、全てを失うことになる。それを怖れ、ソ連脅威論でもって米国との取引に出たということ。急ぎ、ソ連の侵攻を阻止するには、自分の取巻きである戦犯を解放し、政界に復帰させ、国民を抑えるために働かせた方がいい。そのためには、日本の国土の何処にでも、いつまでも自由に使っていいと約束してしまった。勿論、天皇の政治行為は憲法違反だった。しかし、その条件に乗った米側は、そのことを書面にして提出するよう命じ、後に、天皇は言う通りに書いて提出した。そしてお墨付をもらった米国は、それを元に日米安全保障条約を締結した。以後、天皇制は人質となり、政治家も国民も米国の保護観察下に置かれ、支配されるようになった。その時から、日本国憲法の上に日米安保条約と地位協定がある状況は、何も変わっていない」

「ひどいね……、国民は、それを知っているの?」

「いや、知らない。勿論、自民党の中枢は知っているかもしれないが、国民の殆んどが知らない。知らないで騒いでいる。しかも、解放された戦犯たちが、実際に国政を牛耳り、国民を操って、米国の意のままに働いた。安倍晋三の祖父岸信介もそうだった。だが、彼らはゾンビ化したモンスターだった。したたかに、神国日本の復活に向け動きだしたが、それは、誰の目にも明らかだった。しかし、国民の多くが、黙ってそれを支持した。そして、今や、そのゾンビの孫たちが国会を占拠し、司法を含め国政を牛耳っているありさまだ

「ん〜、……だけど、米国に監視されているのに、神国の復活なんてできるの?」

「簡単だよ。米国の軍事力を逆利用すればいい。徹底して服従し、おだてながら、米国を軍産複合体中毒にすればいいんだ。核戦略の傘に隠れて、先ずは神国の復活を目指すこと。学校で『日の丸・君が代』を強制し、中国や韓国に何と抗議されようが、靖国神社を参拝し続けること。そして、歴史教科書から皇軍の犯した罪を極力削除し、特に、沖縄戦の軍命による強制集団死の記述を出版社に改ざん消去させること。だが、しかし、そのような国の動きに、沖縄は抗議の声を上げ続けてきた。何度も何度も、県民大会が開かれたのを覚えているだろう。しかも、このような国家による教育への介入があからさまになったのは、第一次安倍内閣が教育基本法を改悪してからだった。ところが、その後、鳩山民主党政権に代わっても、国の介入は変わらなかった。それで、変だ、おかしいと沖縄県民は騒いだが、驚いたことに、政府はどこ吹く風だった。ということは、この国には、戦前の体制に戻そうとする

国家としての意志が、常に存在していることになる。それを隠さずにさらけ出したのが、安倍政権だ。嘘じゃない、第二次安倍内閣になって、その国家の意図が九条改憲の動きとなって現れたから大変だ」

「やっぱりな、日本政府が沖縄をいじめる理由はそれか」

「そうだ、分かるよな。でもそれは、この国の犯した罪を隠すには、まず、侵略戦争が正しかったことにしなければならない。そのためには、琉球を処分しなければならないという理由からだ。ゾンビ国家がそのように動いている。その上、安倍総理の出自が長州であることが、問題をさらに深刻化させている。奇しくも、今年は、明治改元から一五〇年。岸信介の孫の気持ちが分からんでもないが、……」

「んん〜、やっぱり、変だし、許せないよな〜」

「そう許せん。また、許していい問題でもない。辺野古新基地建設も、南西諸島の軍事基地強化も、見ての通りだ。いくら反対しようが、あえて無視し強行してくる。しかも、その背後には、ジュゴン信仰を歴史ごと殲滅する目的があるということ。つまり、天皇制国家の名誉と国体護持のためには米国の軍事力を逆利用し、やり損ねた琉球処分を完遂するつもりでいる、ということだ」

「ウチナーンチュの平和の願いは、邪魔だということ?」

「いや、それが沖縄県民だけじゃないんだ。政府にとっての敵は、国民全体でもある。原発再稼働を目指す国の態度を見れば、分かるだろう。国民の命とか未来のことなど、どうでもいいと考えている。早々に国民から主権を奪い、戦前の神国、美しかった日本に戻すつもりでいる。分かる？　つまり、呪われているということだ」

「ん〜、国民なんか、どうでもいいのか……」

「機密を守るには、国民を一億玉砕の道へ導くことしかない。戦前の『生きて虜囚の辱めを受けず』の戦陣訓の目的がそこにあった。急いで九条をなくし、国の命令に国民が服従する『美しい国』にする。それしか選択肢はないということ。つまり、そこまでしないと、国家機密は守れんということ。これが事実だ」

「……」

無防備の勇気

「でも、希望はあるさ。ウチナーンチュの思いは、いかなることでも潰れんからな。そう、琉球文明は不滅の哲理を持っているんだ」

「龍宮神が、守護神だから？」

「そう信じることが大事だ。かつての琉球は、およそ五〇〇年もの間、戦争しないで済ませた。しかし、何が龍宮神の力だったかというと、それは、ジュゴンという神獣の無防備の勇気にあった。つまり、ジュゴンのように、絶対に戦争しないで済ませた勇気ある人たちが、ここにはいたことになる。その強い精神力で、琉球王国は建国され、維持された。しかし、大和には琉球が邪魔だった。それは、大和人が、ジュゴンを祀りたくても祀れない国だったからでもある。そのため、明治国家を誕生させるやいなや、琉球王国を処分した」

「どういうこと?」

「勿論、戦争政策に邪魔だったからだ。それで、軍隊を派遣して、無理やり天皇制国家に併合し、軍事基地化を進めてきた。しかしそれでも、ウチナーンチュは信仰だけは守っていた。ただ、非暴力のため、争わず、仕方なく妥協しただけだった。しかしその妥協が、結局侵略戦争への加担となり、また、沖縄戦で多くの命を失う結果を招いた。それは、想定外の悲劇だった。その悔しさが、戦後ウチナーンチュの反省として残った。それ以降、日本国家の軍国主義に気をつけながら、島々の神女たちが御嶽に詣で、ジュゴンを祀るようになった。そして、ようやくここまで来たんだが……」

「で、これから、どうすればいいの?」

「おそらく良識ある外国人なら、日本の差別と迫害の歴史に気づくはずだ。四世紀の崇神に始まったまつろわぬ民と朝廷との闘いが、未だに存在しているとな。その日本の陰部が、今、辺野古新基地建設問題で炙り出されている。そのことを、世界中に訴えることが重要だ。戦後、マッカーサーは、いち早く差別に気づき、戸籍法を改正してくれた。だが、さすがのマッカーサーも、ジュゴンの存在までは気がつかなかった。琉球が、まさか、ジュゴン信仰の部落民の国だったなんて、知る由もない」

月の国だった琉球

「えっ？　琉球って、部落民の国だったの？」

「そう、琉球は部落民がつくった王国だった。勿論、つくったのはウチナーンチュの同胞だ。まつろはぬ民というのは、アンチ大和朝廷の部落民のこと。彼らは朝廷の迫害を逃れて、新たなる理想郷、琉球王国を誕生させた。南西諸島に、いきなりグスク時代が始まって王国ができた訳じゃない。そこに至るには、朝廷に虐げられ苦しんだ女たちの、長い抵抗の歴史があった。例えば、福井県の小浜の八百比丘尼伝説が、八〇〇年にわたるジュゴン信仰の抵抗の歴史を伝えていた。また、和歌山県日高の道成寺に伝わる『安珍清姫』の清姫の話もそうだ。清姫の立場に立って見れば、真言の法力と闘った、神女がいたという話だ。また、奈良の讃岐神社発祥とされる竹取物語も、女たちの抵抗を伝えたお伽話だった。竹から生まれた美しいかぐや姫が、平安貴族のプロポーズを次々に断って、しまいには、満月の夜、音曲を奏でながら月の国の使者たちが迎えに来る。そして、誰にも止められず、かぐや姫は月の国へと帰っていった。しかし、何か変だと思わんか？　その、連れて行かれた月の国というのが、実は、琉球だったんだ」

「え、なんで、琉球って、……証拠はあるの？」

「ある。琉球が月の国だった証拠は、いくらでもある。とにかく、南西諸島は日の国であり、月の国でもあった。しかしそれより、琉球が大和に差別されてきたことを考えれば、何故、月の国から迎えが来たかが分かるだろう」

「ん〜、そうかな〜。……そういえば、お月様をトートーメーと言うよね。それも、かぐや姫と関係あるの？」

「勿論あるさ。かぐや姫は、トートーメーを慕った女たちのモデルだったということだ」

「トートーメーって？」

「倭《やまと》迹《と》迹《と》日《ひ》百《もも》襲《そ》姫《ひめ》、つまり、ヒミコのことだ」

「邪馬台国の女王卑弥呼なの？」

「そう、その卑弥呼だ。ヒミコが、ジュゴン信仰をヤマトに広め、平和な倭国をつくった。それで、人々から尊いリーダーと尊敬され、トートーメーと呼ばれていた。しかし、今じゃすっかり忘れられ、トートーメーは、単なる祭壇の位牌にしか思われていない」

「なんで?」

「それは明治国家が、古代史を封印してそうなった。天皇を現人神と拝まされ、トートーメーのことなど、すっかり分からなくなってしまったということだ」

「で、なんで位牌をトートーメーっていうの?」

「ウチナーンチュは、代々龍宮神信仰を大切にしてきた民族だが、ヒミコは、その教えを大切にして、ヤマトの世直しを行った。そこで、ヒミコを平和な国を造った祖先、つまり、親と考えて、トートーメーと崇拝するようになったということだ」

「じゃ、ウチナーの祖先崇拝は、ほんとは、トートーメー崇拝だったんだ」

「そういうことになる。先祖代々、ヒミコを崇めてきた。それで、位牌に記された先祖を含めてトートーメーと呼ぶようになり、位牌その物をトートーメーと呼ぶようになった。それに、南西諸島はヒミコの治めた日の国、月の国でもあった。また、その上、ヒミコ自身が日神であり月神でもあったため、お月さまのことをトートーメーと呼ぶようになったということだ」

「じゃあ、かぐや姫が月の国に帰ったという話は、ヒミコの教えを守るように作られたってことか。でも、なんで奈良の讃岐神社なの?」

「行けば分かるが、讃岐神社は竹林の中の小さな神社だ。周りに、前方後円墳がいくつもあって、それは、三世紀に倭国を誕生させた時の、ヒミコと讃岐（現香川県）の人たちとの国造りの関係を示すものだ。しかし、ヒミコが亡くなり、四世紀には、崇神という男に倭国の王権は奪われてしまう。そして、彼に派遣された四道将軍によって、各地のジュゴン信仰は次々に弾圧され、ついに、奈良にいた讃岐の人たちも迫害を受けるようになった。そこで、かぐや姫の話が作られたことになるが、つまり、ヒミコの教えを守っていた奈良の神女たちが、とうとう大和に見切りをつけ、月の国に帰ったという話、それが、竹取物語だったことになる」

「ん〜、単なる幻想的な話じゃなかったんだ……」

皇統のおとぎ話

「しかし、お伽話には迫害された側の話もあれば、桃太郎のような、皇統の歴史を誤魔化すために作られた話もある。その場合、退治された鬼とは、ウチナーンチュの同胞だったということ」

「じゃあ、節分で、豆まきなんかしない方がいいんだ」

「いや、そうじゃなく、そのような差別の歴史があったことを教え、その上で、鬼にやさしくするよう、教えればいい」

「……負の遺産ってこと？」

「そう……。大事なのは、負の遺産に学ぶ勇気だ。しかし、明治国家は学ぶどころか、都合の悪い歴史を隠し、その上で明治天皇を国家元首にした。ところが今や、その天皇が偽者だったとの噂だから大変だ。それこそ、お伽話であって欲しいよ……」

「えっ、それって大丈夫なの？」

「大丈夫なわけないだろう。もしそうだとしたら、世界中の恥さらしになるだけだ。いずれにせよ、日本は天皇が治めるべしと、明治国家ができた。そこで、皇統の歴史を繕うために、記紀を参考に歴史を誤魔化すことになった。天照大神を皇祖神に、神武を初代天皇と決めた。ところが、その嘘を守るために、古代史の研究を封じなければならなくなった。何故なら、記紀神話は歴史偽装のお伽話だったからだ。つまり、アマテラスがヒミコであることを隠し、神武がジュゴンであることを隠すために、あえて神武を初代天皇にして、国民が理解できないようにした。そして、神武がいつ生まれたかは決めないまま、即位日を、紀元前六六〇年二月十一日と決めた。しかし、その大嘘を守るには、国民を軍隊で鎮圧するしかない。結局、拠点となる鎮台を全国六カ所に設置して、国民の自由な思考を奪って支配するようになった。それが、明治国家の実態だったということ。そりゃ、江戸時代の平和を生きた人々からしたら、実に人情味のない恐怖政治の到来だったことになる。いくら、五箇条の御誓文が立派だと威張ったところで、このとんでもないお伽話の嘘に始まった近代日本の不幸たるや、真に残念と言うしかない」

「じゃあ、僕なんか、明治のおとぎ話の犠牲者ってこと?」

「じいも、お前も、ウチナーンチュも、それに日本国民のみんなが、明治国家のお伽話の犠牲者ということになる。そもそも、神武天皇が、縄文時代にいるわけないだろう。にも関わらず、二月十一日は、未だに『建国記念の日』で祝日になっている。しかも、建国記念日ではなく、わざわざ『の』を入れ『記念の日』にしている。それは何故か?ということだ。しかし日本国民は黙ってそれを受け入れ、AI時代の若者までが無反応だ」

「で、……どうするの?」

「先ず、『神武東征』とは何かを明らかにすべきだが、誰もそうしようとしない」

「なんでかね〜」

「自尊心を傷つけたくないんだろう」

「で、神武東征って、ほんとはなんなの?」

神武の国だった琉球

「神武は、宮崎の鵜戸の洞窟で、玉依姫から生まれた男とされている。成長して、高千穂から船で宇佐にまわり、そして、宇佐から瀬戸内海を東に向かって進み、敵を平定しながら紀州の熊野川を遡っていった。そこで八咫烏《やたがらす》に案内され、奈良に入る。そして、大和の国を治めたというのが、記紀に書かれた神武東征神話ということになる。しかし、日本人は、その話の本当の意味が分かっていない。神武が、何でわざわざ、宮崎に生まれたのか？　何で奈良に行くことになるのか？　その理由なんか、どうでもいいと思っている」

「じいは、知ってるの？」

「そりゃ、勿論知ってるさ。でも、分かるまで、ずいぶんかかった。琉球では、神武が普通に使われていた言葉だった。三山を統一して、第一尚王統を打ち立てたのは尚巴志《しょうはし》だったが、巴志が軍をあげたその時、討たれた側の大里按司《おおざとあんじ》が、巴志を、『神武』であると怖れたそうだ。その話が、琉球国中山世譜に記録されていた」

「巴志って、強そうだよね」

「確かに巴志の名は、龍宮神の気概が感じられ、意識して、巴志を名乗ったと思われる。巴志とは『巴の志』と書く。つまり、巴が龍宮神を表す字なら、龍宮神の志で三山を統一したことになる。もしかすると、『三山が龍宮神をおろそかにしたままでは、いずれ、琉球も戦さ世になり、大和にやられてしまう。しかし、それでは、我が一族がウチナーに逃れて来た意味がない』と考え、世直しに立ち上がったのかもしれない。そこで、龍宮神信仰を正すため、象徴の三つ巴紋を掲げたことになる。琉球の歴史で、三つ巴の象徴を掲げたのは巴志からだった。ところで、その象徴は、一体何処から来たかということだが、それは、祖父の鮫川大主《さめかわうふしゅう》がヤマトから持ってきたものだと考えられる」

「鮫川って、怖い名前みたいだけど?」

「鮫はサン、即ち、ジュゴンの当て字の一つだ。首里の寒川や山川の地名と同じで、鮫川は、ジュゴンに加護された川の意味だ。その名から、信仰の厚い人だったことが分かる。鮫川はヤマトから伊平屋に渡り、さらに本島南部の佐敷に移り住んだが、そこで息子の思紹《ししょう》が生まれ、孫の巴志が生まれた。孫は、成長して才能を発揮し、人望厚く佐敷の小按司と呼ばれるようになった。そこで鮫川は、特段に信仰の大切さを孫に教え、三つ巴紋の象徴を伝授したことになる」

「それが、琉球王国の象徴になったということ?」

「そう、巴志は三つ巴紋の象徴を掲げ、三山を統一し、龍宮神ジュゴンが琉球王国の守護神であることを明確にした。また、そのときに、王国の主幹道路を宿道と称して整備したのも巴志だった。その宿道の一部が、辺野古のキャンプ・シュワーブ内に遺っている。宿道は文化財だから、当然、法律に基づき保存しなければならない。しかし政府は、それも潰すつもりでいる。つまり、守護神ジュゴンを護る側と、弾圧して歴史ごと抹殺しようとする側の闘いは、今も続いているということだ」

「宿道って、何か特別な意味があるの？」

「ジュゴンは宿を守る神で、宿神《スクガミ》とも呼ばれた。その宿神を祭って安全を祈願し、琉球王国の主幹道路とした。それが宿道だった。実は、本土に宿場や宿河原があるように、また、高知県に宿毛があるように、一般的に龍宮神ジュゴンは、宿神とも呼ばれていた」

「じゃあ、もしかして、グスクのスクも関係あるの？」

「勿論ある。沖縄のグスクは、戦さのために造られた城ではない。宿神を祭る拝所を御宿《うすく》や護宿《ぐすく》と呼び、石垣で囲うようになり、それを、グスクと呼ぶようになったものだ」

「じゃあ、グスクを城と書くのは間違いか……」

「ヤマトの城とは目的が違う。あくまでも、平和の神・宿神を祀り、集落をまとめるための拠点、それが、護宿だ。つまり、『宿神を護らなければ、宿神に護ってもらえない』という考えから、護宿はできている。まっ、『憲法九条を護らないと、平和は護れない』との考えと同じだ。佐敷の上グスクを訪ねてみるといい。そこは、鮫川大主をはじめとする尚巴志一族の屋敷跡だが、そこを、何故グスクと呼ぶのかを考えれば、グスクの本来の意味が分かる」

「スクって、アイゴの稚魚にもスクっていうよね。それも、関係あるの？」

「勿論だ。宿神が、海の彼方から恵みを寄せてくれるので、それをスクと言った。他に、イワシの仲間にマジク＝真宿があるし、美しい鯛の仲間に与那原マジクがある。昔は、よくご馳走になったもんだが、そういえば、近頃、見たこともないね」

「鮫川大主って、何処から来たの？」

「高知県の宿毛か、大月町あたりだと思う。高知県には、今も宿神を祭る神社が二十一カ所残っている。それらは、迫害に耐えてきた、宿神神社ということになる。しかし、さらに追い詰められた人々が、宿毛や足摺岬あたりから沖縄に逃れてきたようだ。室戸岬の最御崎《ほつみさき》寺《じ》の山門には、仁王像が西に向かって立っている。それは空海が、奈良や熊野や伊勢に宿神信仰が立ち入らないようした証拠だ。つまり、高知県の西に向かって、人々が追いやられたことになる。沖縄に幸地《こうち》という地名人名が多いのは、そのためではないかと思う。そして、それぞれが宿神を祀り、護宿を造り、部落のリーダーが按司《あじ》を名乗るようになった。勿論、他の地域から逃れて来た人たちも大勢いたであろう。それが、八世紀から十三、十四世紀まで続き、やがて琉球は三山時代を迎えたことになる。事実、鮫川大主も、高知の大月辺りから伊平屋島に渡った可能性が高い。大月町の月山神社の御神体と佐敷上グスクの『つきしろの宮』の御神体が、三日月型の岩であったことを想像すると、間違いない。鮫川は、そこから三つ巴紋の象徴を持って来たようだ。鮫川のサメはサンで、ジュゴンのこと。また、大主は信仰心の厚い人への敬語で、みんなから尊敬され、そう呼ばれていたようだ。その鮫川の孫に向かって『神武である』と怖れたということは、大里按司のみならず、当時の琉球人の間で、広く『神武』という言葉が、共有されていたことが分かる。それは、神の力で戦さを止めるという、神武の意味を知っていたということ。武の字には、イクサを止める意味が込められている。即ち、軍武ではなく神武でもって世直しした、ヒミコの生み出した言葉、それが『神武』だったということだ」

神武社だった神社

「だけど、ほんとに神武の力でイクサが止められたの?」

「止めたというより、ヒミコは、琉球のような戦さをしない国を造ったということ。それが、『魏志倭人伝』の伝える、神武の国倭国だった」

「イクサしてイクサを止めたわけじゃないの?」

「龍宮神の力で、イクサをしない国を造ったことになるが、人々は、それを神武と言ったようだ。また、その頃の言葉はウチナーグチと同じで、『神武』を『ジン』と発音したように思われる。もしかすると、神社は、元々神武社だったかもしれない。例えば、奈良には、水平社と呼ばれる施設があるが、樹林に囲まれた広い敷地の一角に、ひっそりと、神武天皇社がある。水平社は、本来、反天皇制を掲げる被差別部落民の聖地だが、そこに、神武天皇社があるって変だろう？　しかし、天皇の二文字をはずせば、立派な『神武社』だ。ということは、日本の神社は、元々神武社だったかもしれない。もし、その神社の祭神が龍宮神姉妹の豊玉姫や玉依姫であるなら、それは、間違いなく本来の神武社ということになる。逆に、祀っていない靖国神社のような建造物は、偽神武社ということだ」

「じゃあ、全国の神社が本物かどうか、分かるんだ」

「祭神を見れば、分かる。とにかく、その『神武』という言葉が、琉球建国の際の重要な政治目標であったことは、巴志の国造りからも明らかだった。沖縄には、『神武』にあやかった『チン＝金武』や『チャン＝喜屋武』などの地名人名が多いのを見ても、当時の人々の信仰心が如何に厚かったかが分かる。だがしかし、神武の国琉球は、やはり、大和にとって目障りだった。鬼の納める悪鬼納島《あきなじま》と蔑んで、監視していたんだ」

「ほんと？」

「嘘じゃない。そう当て字され、常に睨まれていた。また、それに対し、琉球の神女たちも大和の船を見張って、島を守ってきた。そのような時代が続いたこと。そして、無事に大和からの邪風が侵入しないよう凌ぎ終えたことを龍宮神に報告し、感謝し祭ってきた。それが、つまり、シヌグ祭りだった」

「じいが、刺身や魚料理を持っていくときがそうなの?」

「シヌグもだが、六月ウマチーは海勢頭家から龍宮神にご馳走を捧げる日と決まっていた。しかし、よく考えると、このような神行事は一見無意味に見えても、実は、神武を信じきる意味で、政治的に大変重要だということだ」

「そうか、平和を守るのが、神人の立場だよね」

神武を歌ったオモロ

「とかく琉球は、神武の国だった。また、日の国であり、月の国でもあった。そこへ、大和から逃れてきた女たちがいて、驚いたことに、ヒミコが『神武』の国造りをしたことを歌っていた。それは『創世のオモロ』と呼ばれる歌だが、倭国が誕生した時のようすがよく分かる内容だった。だがしかし、終いには、ヒミコも神武も裏切られ、海人にも裏切られたことを訴えている」

「創世神話のおもろ」(琉球王府採録)

むかし、はじまりや　　　　(昔、始まりは)

てだこ、大ぬしや
きよらや、てりよわれ
せのみはじまりに
てだ、いちろくが
てだ、はちろくが
おさん、しちへ、みおれば
ざよこ、しちへ、みおれば
あまみきよは、よせわちへ
しねりきよは、よせわちへ
しまつくれ、てて、わちへ
くにつくれ、てて、わちへ
ここらきの、しまじま
ここらきの、くにぐに
しまつくるぎやめも
くにつくらぎやめも
てだこ、うらきれて

(日子、大主は)
(清らに、照り現れ)
(神武の始まりに)
(日、イチロクが)
(日、ハチロクが)
(青い、下界、見おろせば)
(遥か、下界、見おろせば)
(アマミキヨを、寄せ集め)
(シネリキヨを、寄せ集め)
(島造れ、と言って、集め)
(国造れ、と言って、集め)
(こんな沢山の、島々)
(こんな沢山の、国々)
(島を造ったけれど)
(国を造ろうとしたが)
(日子、裏切られて)

せのみ、うらきれて　（神武、裏切られて）
…………………　（したがって）
あまみや、すじや、なすな　（アマミキヨの血筋は、産むな）
しねりや、すじや、なすな　（シネリキヨの血筋は、産むな）
しやりば、すじや、なしよわれ（そうだから、正しい血筋を産め）

「日子は、ヒミコのこと。大主は、龍宮神を信仰するご主人さまで、これもヒミコのこと。つまり、ヒミコが日子となって、清らに生まれ現れ、アマミキヨ＝海人《うみんちゅ》を寄せ集めて、倭国を建国したことを歌っている。しかし、突然のように、ヒミコも『せのみ』も裏切られてしまったと歌っている。そこで、その『せのみ』とは何のことかというと、実は神武のことだった。しかし、『せのみ』を理解するには、沖縄口《うちなーぐち》のクセと、地域によって違う訛りと、さらには、おもろを歌う時の神女自身の解釈や語り口などを勘案し、その上で、役人が採録する際に、独特なおもろ語に変換し、書き言葉にしたことなどを考慮した上でなければ、おそらく、理解は難しい。つまり、神武は『しんむ』とも読むので、それを、歌い易く『しんみ』または、『しぬみ』と歌っているところを、聴きとりした役人が、『せのみ』と記したということになる」

「うわ〜、難しい。で、うらきれては、裏切られたなの?」

「ウチナーグチで『うらきる』は、食器を洗うなど、きれいに洗い流し処理するの意味だ。つまり、神武は処理されてしまった。しかも、アマミキヨにまで裏切られた。だから、二度とそのような血筋は産むなと、強い戒めの言葉で歌っていたことになる」

「……怖いね」

ジュゴン裁判の行方

「ところで、この神武問題が国会で議論されたことは、一度としてない。そうこうするうち、二〇〇三年には、沖縄ジュゴン訴訟が米国サンフランシスコ連邦地裁に提訴され、国家歴史保存法により審理されることになった。裁判は二〇〇八年に結審して、その時は、一応原告が勝訴した。というのは、連邦地裁が米国政府と国防総省に対し、ジュゴン保護に充分に留意して工事を進めるようにとの命令を下したからだ。ところが日本政府は、ジュゴンには影響ないと嘘の報告をして、工事を始めてしまった。それは、事実上の敗訴だった」

「じいの思い通りに、いかなかったということ?」

「米国の国家歴史保存法によれば、沖縄のジュゴンが、どのような歴史的文化的価値を持っているかの調査が、当然予想された。そこで、ジュゴンが、琉球・沖縄の守護神であること、平和の神であることを書き下ろし、藤原書店から出版したのが『卑弥呼コード・龍宮神黙示録』だった。しかし、あれから五年。辺野古新基地をめぐる闘いは、ますます酷く醜くなっている」

「……で、どうすればいいの？」

「とかく古代史を明かさんことには、差別や迫害はなくならない。辺野古問題など解決できるわけがない。そう思って『卑弥呼コード　龍宮神黙示録』を書いた。しかし、多くが不明瞭のまま終わった。中でも、南西諸島の祭祀と島人の優しさを育む教訓と慣習は、一体どこからきたのか？　その謎に迫ろうとしたが、果たせなかった」

第一部　「琉球文明」の誕生

第一章　けがれなき「琉球文明」

けがれなき世界

「始めにことばありき。ことばは神なりき」

幼い頃に目にした言葉が、いつも頭からはなれなかった。

よほど、古の人は、神を見る目が純粋だったのか？

故郷の島は緑濃く眩しく、珊瑚礁の海は楽園に見えた。

来る日も来る日も遊び疲れ、眠ると、海に潜って貝を採る夢を見た。

そこは、青に染まった龍宮の海。

「美しい……」、と思った。

しかし、淋しかった。

「美しさは、戦争を止める手段にならないのだ」

父を失い、沖縄戦の傷痕を見て、「軍隊では、平和はつくれない」と思った。

「人間は、生まれたら死ぬのが当たり前で、死ぬことを怖がるのは、愚かだ」と、子供ながらに思っていた。

「臆病だと、戦争に利用されてしまう」

やがて大人になって、旅をして、宮古・八重山・西表島、奄美の島々を訪ね歩いた。

すると、南西諸島のどこにも、「美しい」という言葉がないことに、気がついた。

どの島にも、「清ら」しかなかった。

「美」を禁じた人たちが、いたのか？　と思った。

しかし、それでも島は美しく、人も海も輝いていた。

ふと、美しさと清らさは別だと分かった。

もしかして、旧石器時代の南西諸島人は、すでに、美と清の違いが分かっていたのか。

「美」は、欲望を満たす価値概念だ。

「大」に支えられた「羊」が、そう、ささやいた。

「大」の字は、海面から頭を出す人、ジュゴンだった。

大琉球の「大」は、ジュゴン信仰を表わしていることに気がついた。

ジュゴンは、昔から琉球の守護神であったようだ。

いずれ、古代文字から「大」を探さねば……と思った。

それが、今、特に重要だ。

ジュゴンに支えられた羊は、ほんとに美しいのか。

「美」が欲の罪を美化すると、「清ら」を失ってしまうのではないか。

とすると、琉球王朝の人々は、「美」の危険性を除去し、常に「清ら」に生きる努力していたということか？

「清」は、自然界同様、人間の欲や汚れを無にする浄化力を表しているようだ。それは、青い海を見て分かる。おそらく琉球王国の絶対平和主義は、この「清ら」な浄化力にあったことになる。

そのことを、首里城正殿に掲げられた「中山世土」の扁額が語って見えた。

琉球は清らな精神文化圏で、大和は美化文化圏である。この相反する精神文化の対立で、琉球は常に戦争の危険に晒されてきた。戦後七三年経っても、その構図は変わっていない。つまり、美化文化圏である大和に憲法九条が破壊され、沖縄が犠牲になる危険性が、常態としてあった。

それは、本土の人間が、「清ら」を失ったせいなのか？　それとも、元々、持っていなかったのか？

「きよら」には、「清」と「浄」がある。

「清」は、人間にも自らの欲望を清める力があることを教える。また、「浄」は、自然界の汚れや人間の争いが、時とともに流れ清められていく状態を表わす。そして、あらゆる争いごとが流れ去った後におとずれる理想郷、それが「浄土」であった。

浄土の「土」は、大地に立つ十字架か。死んだら、浄土に還る意味が含まれているのか？　キリスト教の影響を受けたようにも思われるが、時系列的には、「土」が先のように思われる。

何れにせよ「土人」という言葉は理想郷に生きる人を指す。つまり、尊敬されて然るべき人ということである。とすると、大阪の機動隊員が、辺野古や高江で反基地運動をしている人を「土人」呼ばわりしたことは、間違いではなく、本当は正しかったことになる。ただ問題なのは、「土人」という言葉が沖縄人を差別するために使われたということと、それほどに日本人が劣化し、沖縄人を差別せざるを得なくなったということだ。

「じゃあ、本土人は本当の土人ですか？」と、問われたら、何と答える？　多分、「生きて虜囚の辱めを受け続けているので、とても、土人とは言えません。まして、独立国家でもないので、本土人などと、威張ることもできません」と、答えるしかあるまい。

昭和天皇の誤算

一九五二年四月二十八日、沖縄は本土から分断され、幸いであった。それは、昭和天皇の誤算とも言えた。たとえ、米軍統治下であろうと、天皇の呪縛から解放されたことを、ウチナーの多くの女性が喜んだ。天皇を神と教える神国の神道より、キリスト教の方がましだった。かつて、神女たちが威厳を持って祭祀を行った琉球の歴史からすれば、レディーファーストも民主主義も、大いに受け入れやすいものだった。

ところが、天皇のために死ねと命令した地域の指導者や教育者の中には、沖縄戦の反省もままならず、子どもたちを戦場に駆り立てた罪悪感から抜けきれない人たちがいた。彼らは四・二八を、天皇に棄てられた「屈辱の日」と叫び、抗議するようになった。だがしかし、そのような騒ぎの中、神女たちは粛々と御嶽での祈りを復活させていた。それは、トートーメーとの約束であり、龍宮神との新たな誓いであり、「イクサ世やならん」という女たちの平和への反省であった。

しかし、米兵による婦女暴行事件は絶えず、殺人や事件事故が絶えず、新たな軍隊による暴力は悲劇的で、屈辱で、我慢できるものではなかった。結局、銃剣とブルドーザーによる土地の強制接収に反対するようになり、それが島ぐるみ闘争にまで発展し、終いには、祖国復帰への道を選んでいった。それは、憲法九条を持つ日本が浄土のように輝いて見えたからだった。

瓶の蓋にされた沖縄

ところが、いざ復帰してみると、日本は戦前と変わらぬ神国の差別国家だった。目指した祖国は浄土ではなく、沖縄人の希望は泡となって消えていた。以後、本土を「腐れ大和」と呼んだが、後の祭りであった。米国政府は、復帰と同時に「沖縄は、日本を封じ込める瓶の蓋である」ときめつけ、さらなる基地負担と犠牲を押しつけてきた。それもそうだ。米国の監視する怪物の国に自ら復帰してしまったのだから、自業自得であった。そのために、益々瓶の蓋を強く締められ、苦しむことになった。

沖縄人は、仕方なく怪物を内から見て、自治を考えるようになった。すると、日本は神道を大事にしている国で、神道を守るには、平和であっては困る国だということに気がついた。自民党の政治を見ると、民主主義でも共産主義でも困る国であった。まして、古代史が明かされては困る、卑弥呼と神武が明かされては困る国であった。

しかしそれでは、沖縄と大和の溝が埋まるわけはなかった。

日本は、天皇を中心とする社会主義的国家だと言われるが、実際は、まつろわぬ民を迫害する非社会主義国家だった。そのような日本が、常に沖縄を武力弾圧の対象としてきたことは、当然と言えば当然であった。しかも、驚くべきことに、弾圧や監視の対象は、国民全体にも向けられていた。例えば、JR東労組の浦和電車区の組合員七名が逮捕され、三四四日間も拘留された冤罪事件がそうであった。また、元福島県知事佐藤栄佐久氏に仕掛けられた冤罪事件がそうであった。このような国家の起す冤罪事件の裏には、天皇制国家護持を党是とする、自民党の使命があるということであった。そのことは、戦前の歴史教育復活を企む政府の態度を見れば、一目瞭然であった。また、日本の全ての放送媒体を国家統制下に置こうとする動きを見ても、明らかだった。そして、それは、この国の憲法の保障する国民主権が、如何に危険な状態に置かれているかということであった。即ち、宗教や憲法に寄り添うのではなく、天皇を神と崇めて生きるしかないと思い込んでいる政治家集団と、それを疑うことなく支える人々のいる国、それが怪物ゾンビの支配する「美しい国」であった。

ダレスとの密約

しかし、考えれば考えるほど、このような無様な国が存在していること自体、理解できなかった。この国の国民主権は嘘だ、この国は、常に国民を支配していないと成り立たない国だ、と叫んでみたところで、どうしようもない。また、この国には、知られてはまずい秘密でもあるのか？と訴えたところで、反応もない。また、戦後、真っ先に憲法違反を犯したのが、他ならぬ昭和天皇だったとの噂だが、それは本当か？と聞いたところで、なんの反応もない。即ち、そのような日常が続いていること自体が、理解できないのであった。

「生きて虜囚の辱めを受けず」と国民に死を命じた本人自ら、天皇制護持のために、J・フォスター・ダレスと密約を交わしたという噂だが、本当なのか？　しかし、考えてみると、さもありなんである。敬虔なキリスト教徒ダレスが、戦犯である偶像崇拝国家の偶像本人に直接会い、また、当時の世論調査で圧倒的に天皇制存続を希望する日本国民の異様な姿を見て、このモンスターを封じ込めないと、大変なことになると思ったに違いない。そこで昭和天皇の交わした密約というのが、「日本中のどこにでも必要な期間、必要な軍隊を置く権利」を、米国に与えるものであったという。

以後、日本は、米国の支配下に置かれ、今騒がれている日米安保や地位協定の改正はおろか、敗戦国条項も消せないまま、国連の常任理事国入りなど夢のまた夢。何があっても米国に服従し、天皇制国家を存続させて貰わなければならなくなった。それが、日本という国の実像というなら、未だに「生きて虜囚の辱めを受けている」のが、現在の日本政府であり、国家を失った日本人ということになる。そして、もしその通りなら、「外交・防衛は、国の専権事項」とうそぶくのも、また、三権分立で機能すべき司法が、司法の役割を果たせないのも、なるほどと頷ける。しかしそれでは、米軍基地収容所内の自治体組織と、何ら変わらない。そんな独立国家でもない日本を、いくら何でも現状のまま子供たちに継がせていいのだろうか？　いいはずがない。

日本の独立は可能か？

では、日本を独立させるにはどうすべきか？　問題は、日本人に、歴史の真実を語る勇気があるかどうかにかかっている。象徴天皇制とはいえ、未だに天皇を神のように崇める国民が多い。その呪縛が解けるか？ということである。天皇も皇族も普通の人間である。ただ、天皇は、国民を代表して祭祀を執り行う機関の長としての役割をになっている。では、現天皇の行っている祭祀で何が問題かというと、平和のための、古来日本の絶対平和の教えを閉ざしたまま、祭祀を行っていること。また、皇祖神を天照大神としているのに、皇祖神が倭国の女王ヒミコであることを、閉ざしたままでいることである。そして、初代天皇を神武としているのに、神武がジュゴンであることを、隠したままでいることである。そして、皇統の歴史を誤魔化していることを改めないままでいることだ。にも関わらず、ジュゴンの象徴である「八尺瓊勾玉《やさかにのまがたま》」を、天皇の証として持っていなければならない矛盾を抱えている。その矛盾から生じた不安が祟りとなって、現在に至る不幸を国民に与えているが、それらのことを反省せずにいることである。しかし、天皇制を廃止すればいいという問題ではない。罪を犯した分、国民全体で考えなくてはならない問題ということである。

しかし、国際情勢を見ると、もはや時間がない。急ぎ、偶像崇拝国家からの脱出を図るべきである。さっさと古代の歴史を明らかにして、世界の良識に訴えるべきだ。そうすれば、日本人はかつて優秀な宗教民族であったことが明らかになるであろうし、また、ヒミコの治めていた倭国が、実際に戦争をしなかった純粋な宗教国家であったことも、人類史の事績と理解されよう。その倭国の歴史を明らかにするだけでも、諸外国から尊敬され、信頼を得ることは間違いない。特にユダヤ民族と倭国との関係から明らかにすべきである。それが、日本の外交テーマとして、重要だと思われるからだ。幸い神社を含め、ヒミコの残した宗教文化は至る所に残っている。日本人は、その古の倭国の平和思想に立ち還り、今こそ世界平和に寄与すべきである。即ち、「人間は、神の教えに背いては、生きられない」という、人類史上最大の反省点に立てれば、日本人は、カルトからの脱却を果たし、晴れて地位協定による米国支配からも解放されることは間違いない。要するに、憲法九条を変えようとせず、古代の龍宮神信仰同様「不戦の教え」を護るということ。そのことを先ず、米国民に訴えて誓って、そこから、真の独立の道を開くべきである。

平安座島の御嶽

標高百メートル余。
平安座島の中央やや左手、一番高い断崖の上に、西グスクの御嶽はあった。
私は、御嶽に登って、神と対話し、もう何年か？
いつの間にか、年老いた自分がそこにいた。
グスクの入口には、火ヌ神があった。
火ヌ神は三個の石で、天の神、地の神、龍宮神だ。
何故、三つの神なのか？
火ヌ神に手を合わせ、心を清め、そこから聖域に入る。
しばらく、でこぼこの石道を進むと、
こんもりした木立の奥に、古ぼけた祠があった。

祠には、トウカムリの巻貝が七個、置かれていた。

貝は、島人の祈りを受け止めるイビで、御神体である。

いにしえの貝交易時代の、なごりか。

子供の頃、よくこの御嶽で遊び、発熱した。

家に帰ると、祖母が、額にふぃふぃ咒《まじない》をし、治してくれた。

西グスクの崖に立つと、与勝半島が見えた。

右には、金武湾《きんわん》を取り巻く沖縄本島が横たわり、左手前に浜比嘉島《はまひがじま》、その後ろが津堅島《つけんじま》、さらに、遠く久高島が見え、その右手が斎場《せーふぁ》御嶽のある知念半島が見える。また振り返ると、後方には宮城島と伊計島が金武湾を取り囲む位置にあった。

どうやら、この島は、海上交通の要だったようだ。

古の平安座は、この西グスクが集落の中心だったという。

私はここで、石斧を二個見つけた。

平安座島と与勝半島とは、およそ四キロの海。

干潮時には広大な干潟になり、歩いて渡れた。

子供の頃、毎日、潮溜まりの魚を追いかけ、遊んでいた。

父が戦死し、寂しさを紛らわせていたのかもしれない。

干潟の向こうに藪地島があった。

やはり、旧石器時代人も、貝や蟹や蛸や魚を食べていたのか。

魚介類は、知能を発達させる。

しかも、海には、ジュゴンがいた。

浅瀬に、ザン草が生えていた。

ザン草のあるところに、貝も魚もいっぱいいた。

豊かだった海。それが、幼少時代、生命をつないだ海だった。

時折、ふと、ジュゴンを食べた記憶がよみがえる。

祖父のとってきたジュゴンだった。

寒い夜、裸電球の下で、祖父と祖母と三人で食べたジュゴンの肉は、たとえようもなく美味しかった。食べながら、ジュゴンはサンともザンともいい、龍宮の神であると、祖父が教えてくれた。

不老長寿の肉

しかし、太古の人がジュゴンを何と呼んだか？　やはり気になった。神獣の肉の噂が大陸内部に伝わったことを考えると、もしかすると、中国の甲骨文字に、その名が探せるかもしれないと思った。それに、旧石器時代人も、やはり、死に対する不安はあったと思う。白保竿根田原洞人の風葬から色々と見えてくるものがあった。できるだけ死を避けようと、不老不死の食べ物を探したのではなかったか？　その気持ちは、現代人とそう変わらない。変わったことといえば、当時の南西諸島にはジュゴンが棲んでいたことだ。ジュゴンを食べて、より長く幸せに暮らしていたことになるが、しかし、それでも、人は必ず死ぬ。死への不安は消えるものではない。そんな中、愛する家族や仲間が病気や事故で死ぬことはいざ知らず、せめて、殺し合いで死ぬことだけは、絶対にしたくないと考えたに違いない。そこで、人々は珊瑚礁のジュゴンを見て、平和に生きるための勇気と知恵を学んだことになる。それが、現在につながる龍宮神信仰のような気がする。しかも、ジュゴンの肉は格別で、活力と長寿をもたらしたはずである。そして、その肉の噂が中国内陸部に広がり、不老不死伝説にまでなったのではなかったか？　つまり、我が南西諸島の祖先たちは、宝貝だけでなく、ジュゴンの肉を交易品にしていたなら、間違いなく、感謝とともにジュゴンを神と祀り、祈るようになったことが考えられるということである。

子供の頃、平安座島を望む風景（著者画）

第二章　黄河文明におけるジュゴン信仰の展開

届いた資料

二〇一五年の夏。三好龍考さんから、その年五月に行われたという『佐賀・徐福国際シンポジウム2015』の資料集が送られてきた。同シンポジウムの論文募集に応募したら掲載されたとのことで、早速、開いて読んだ。三好さんは、「徐福集団の移動ルートについて」と題し、徐福が黒潮に乗って、沖縄から東北・北海道に至った移動ルートについて考察し、中でも、月山や月山神社の分布や、高知県の二一カ所に及ぶシュク神を祭神にする神社の分布から、高知沖が邪馬台国畿内説へのルートであるとの説を展開されていた。

三好龍考さんは、私の大恩人だった。彼との出会いがなければ、『卑弥呼コード　龍宮神黙示録』は書けなかったし、今、また、新たな資料に目を通す機会を得て、感謝するばかりである。

「佐賀・徐福国際シンポジウム」の記念講演は、西谷正・九州大学名誉教授の「稲作と支石墓～

北部九州への伝来ルート～」と題して行われたとのことで、その中に添付された［**資料1**］を読んで、いきなり、目を疑った。

黄河文明と奴人の活躍

「殷・周王朝の成立」と題した報告のポイントが、「中国の歴史は黄河流域に始まり、そこを中心に展開した。殷・周時代がその開幕」とあった。……それなら、陸橋時代の南西諸島人の文化の方が、はるかに先か？と思いながら、まずは古代中国の歴史に目を通すことにした。そして、書かれていることは、おそらく学者間で共有されている成果だと思われるので、忠実に追って検証することにした。

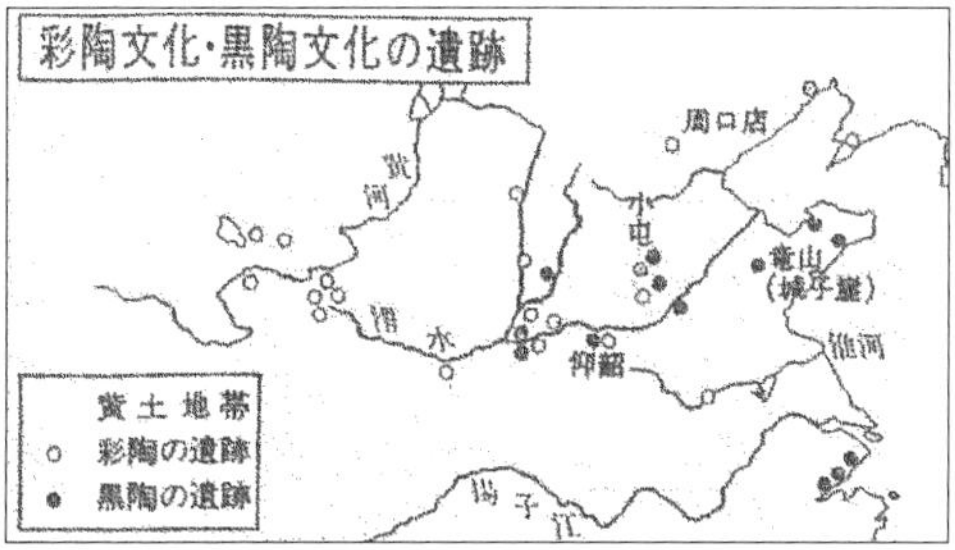

出典：『佐賀・徐福国際シンポジウム 2015』

❶**黄土地帯に最初の文明**

＊中国文明の源流は黄河である。黄河は土砂を多く含み、氾濫をくりかえしながら、中・下流域に肥沃な**黄土地帯**を形成してきた。

＊前三〇〇〇年ごろ、この黄土地帯で原始農耕が開始された。

＊その住民は、のちの漢人と関係の深い**原シナ人**である。

❷古代文化のめばえ——彩陶と黒陶

＊彼らは集落を形成し、磨製石斧・灰陶・彩文土器などを使用。この黄河流域に出現した文化は**彩陶文化**と呼ばれる。河南省**仰韶**《ヤンシャオ》にその代表的な遺跡が残っている。

＊また彩陶文化には、西方の文化の影響があったとされている。

（出典：『佐賀・徐福国際シンポジウム２０１５』資料１）

と、ここまでは、まだ、南西諸島人の文化が、入っていないようであった。しかし、彩陶文化には西方文化の影響があったというくだりが気になった。もしかして、遊牧民ユダヤ人が、すでに黄河流域に現れていたかもしれないからだ。

さらに、目を通すと……

＊前二〇〇〇年ごろ、三足土器（鬲・鼎）を特徴とし、黒色研磨土器を主体とする黒陶文化が出現。山東省**竜山**《ロンシャン》にその代表的な遺跡が残っている。

＊この文化は彩陶文化より東方の黄河下流域が中心で、その範囲は遼東半島や揚子江流域にも拡大した。

＊このころには、農耕集落の「**邑**《ゆう》」が発生、また都市の原型がうかがわれる。都市はやがて各

地に発達、多くの都市国家が出現した。　（同前）

いや、突然、そこに「邑」の字が現れて驚いた。ほんとかよ？　と見つめなおしても、やはり「邑」の字は、そこにあった。喜びが湧きあがり、不思議な気分がした。おそらくこのページを見逃していたら、何も分からぬまま人生を終えていたであろう。何故なら、今の今まで「邑」はジュゴンに守られた地域を表わす字であると、考えてきたからだ。その「邑」が、黄河流域に現れていたというのである。

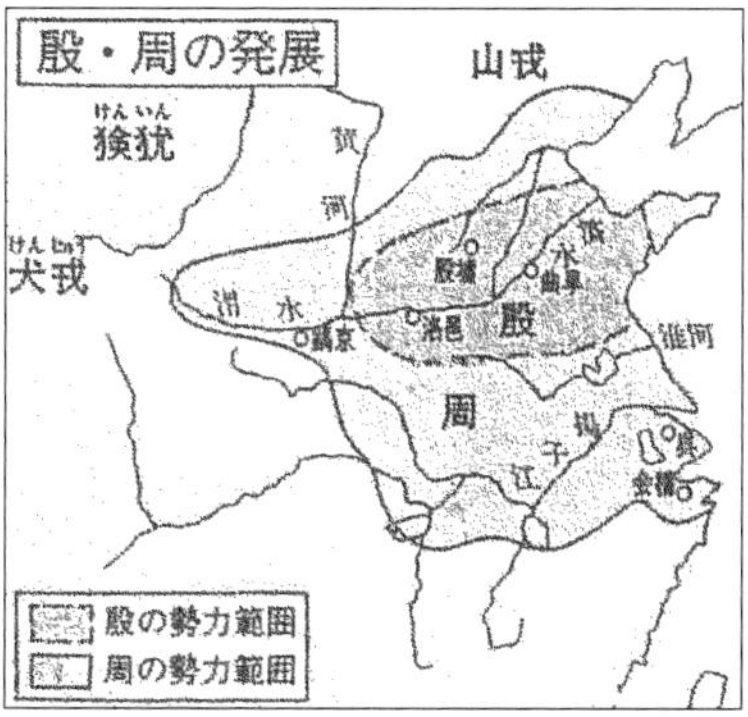

出典：『佐賀・徐福国際シンポジウム 2015』

ワクワクする気持ちで、次に進んだ。

❸殷は中国最古の王朝

＊そのうち殷《いん》がこれらの都市国家を征服、前一六〇〇年ごろ、商《しょう》（河南省鄭州）に都を定めた。伝説によると、太古には堯《ぎょう》・舜《しゅん》・禹《う》の帝王が存在、禹は夏《か》王朝を開いたといわれるが、確認できる最古の王朝は殷である。

＊この殷の歴史の実体は、二十世紀になって、安陽の殷墟《いんきょ》（殷の最後の首都の跡――大邑商）の発掘によってはじめて明ら

かにされた。

＊殷の社会は原始的な氏族社会。政治は神権政治で、王は政治上の支配者であると同時に宗教上の指導者。農事・軍事などの主要な国事は、王が主宰して神意を占い、それにもとづいて王が万事を決定した。

＊当時の文字は、亀の甲や獣の骨にきざまれたので、甲骨文字（卜辞）とよばれ、漢字の原型であり、中国最古の資料となっている。（同前）

ここまでで、さらに驚いた。まるで琉球王朝の原型のような国が、前一六〇〇年前の中国に誕生していたように思われるからだ。まして、殷墟が「大邑商」とは、夢見る気分であった。それこそ、ウチナーンチュが殷王朝を誕生させていたかのような、ジュゴン信仰のにおいがする。「大邑商」を「ウフユーアチネー」と読みたくなるほど、極めて琉球的表現に思うのである。しかも、殷王朝誕生以前に、農耕集落「邑」が発生していたとなると、これは只事ではない。もし、本当に、「邑」の字がその頃に存在していたなら、当然、「巴」や、「大」の字もあったことが考えられる。おそらく、「大」「巴」「邑」などのジュゴン信仰を表わす文字が、「甲骨文字」として、亀の甲や獣の骨に印されていたのではなかったか？　もしかして「山」の字が、すでに印されていた可能性もある。

いや、そうに違いないが、もしそうであるなら、表意文字や象形文字の漢字のルーツが、奴人のジュゴン信仰に始まったことが考えられ、これは、歴史的発見かも知れない。それとも、ただの妄想か？

山信仰

「山」の字は、「サン」とも「ザン」とも読める字であった。もし、黄河流域の人々が、ウチナーンチュと同じように、ジュゴンをサンやザンと呼んで、神と祀って伺いを立てていたとするなら、ト辞の中に「山」の字があってもおかしくはない。もし、「山」の字が本当にあったとすると、古代中国の黄河流域には、ウチナーンチュの祖先たちが活躍していた可能性があるということになる。それが、琉球の中山、北山、南山の「山」の字が、明らかにサン・ザン信仰を表わしていたことにも通じるからである。

とりあえず、次に目を通した。

❹陝西の渭水盆地から起こった周

＊周は陝西《せんせい》の渭水盆地に起こり、はじめは殷に服属し、のちに殷の文化を摂取するようになった。

＊やがて前一一〇〇年ごろ、殷を倒して鎬京《こうけい》（現在の西安付近）に都を置き、華北を支配した。

❺周は封建制度によって統治

＊この周の政治組織を封建制度という。（同前）

そして、補説参照として、次のようにあった。

（補説）周の封建制度

周の封建制度は、周の王室を本家とする血縁関係を基礎とし、氏族的性格が濃厚である。そのために、契約的主従関係を基礎にしているヨーロッパ中世の封建制度（フューダリズム）とは、全く別の制度である点に注意しなければならない。（同前）

とあり、さらに、その下の説明に、

本拠地の陝西地方……周王の直轄地とする。血縁関係的支配。
新領土……一族・功臣を世襲の諸侯とする。貢納《こうのう》と軍役を負担。（同前）

とあった。続けると……

＊周王や諸侯の下には、卿《けい》・大夫《たいふ》・士《し》の世襲家臣がいて、それぞれ支配地を領有し、土着農民や奴隷を支配。
＊周では擬制的血縁関係をもとに、周室を族長とする宗族《そうぞく》を構成し、それを宗法《そうほう》の秩序によって規制していた。
＊農民は土地神の社《しゃ》を中心とした村落組織を構成し、村落全体が王侯や士大夫の支配下に置かれていた。（同前）

これが、殷・周王朝成立に至る大まかな流れだが、そこにはまた、見逃せない重要な地図が添えられていた。即ち、殷・周の発展を説明したその地図に、殷を取り囲む周の勢力範囲があって、北方に「山戎《さんじゅう》」、西方に「犬戎《けんじゅう》」の地方名が記されているのであった。

勿論、「戎」は、西方からきたユダヤ人、ジュウである。

自ら宗教民族と疑わないユダヤ人だが、もし彼らの宗教が大本の教えであるというなら、黄河流域には、すでに原点となる大本の教えが発生していた可能性があるということになる。

では、「山戎」の「山」は何かと言うと、当然サンやザンと読めることから、「山」は、ジュゴン信仰を表わした字ということになる。

では、「犬戎」の「犬」は何かというと、それも、ジュゴン信仰を表わした字で、ジュゴンのように大人しく生きる人をさす。えっと、驚くかもしれないが、動物の「イヌ」は、本来「狗」であって、「犬」ではないということ。ペットの狗が、飼主に対し「犬」のように大人しく従うことから、のちに犬と呼ばれるようになったということである。

大はジュゴン?

そもそも「大」は、海面から頭を出した人に見える。そのことから、「大」は、ジュゴンを表わす字と考えてきた。そして、ジュゴンのように大人しい人を、「大」に点を添え、「犬」で表わしたものと考えてきた。もし、その見方が正しければ、これらの表意文字を編み出したのはユダヤ人ではなく、南西諸島人、即ち、ウチナーンチュの祖先奴人だったことになる。何故なら、ジュゴンを見たことがなければ、「大」の字も「犬」の字も生まれないからだ。

さらに、また、見逃せない言葉が書かれていた。周王や諸侯の下には、卿・大夫・士の世襲家臣がいたということだが、その「大夫」という役職名は、どう考えても、ジュゴン信仰を担当する神官のように見えるということである。もしそうなら、この大夫は「たいふ」と読むのではなく、ウチナーグチ風に「うふう」と読むべきではないか?ということ。また、「うふう」には、大いなるものの意味があり、人々から尊敬される立派な人を表わしている。

祖先は犬だった？

面白くないかもしれないが、ウチナーグチでは「犬」を「イン」という。ひょっとすると、殷王朝ができる以前から、奴人たちは「犬」と呼ばれていた可能性がある。その「犬」が農耕集落「邑」を作っていたことになり、さらに「山戎」や「犬戎」と呼ばれる人々も一緒に、ジュゴン信仰を共有し、平和に生きるための教え、即ち、宗教を守って暮らしていたことになる。当然、ウチナーンチュの祖先は、「イン」と呼ばれ、西方からきた遊牧民は「ジュウ」と呼ばれ、「犬戎」、「山戎」と呼ばれた地域に一緒に住んでいたことになる。

即ち、古の黄河流域で、「大」は神獣を表わす文字として生まれたが、ジュゴンと呼ばれる前に、すでに「サン」とか「ザン」と呼ばれ、それが「山」の字で表わされていた。そして、ジュゴンのように大人しく生きる人を「犬」と呼んでいたということである。

大に守られた琉球

私はこの数年、「大」は、サン・ジュゴンを表わし、「犬」はジュゴンのように、大人しく生きる人を表わしていると考えてきた。それは、龍宮神に守護された琉球王国が「大琉球」と称されていたこと、そして、大川や大城のように、「大」の字が沖縄中に溢れていることから、間違いないと思ったからである。そして、「大」の字を「ウフ」とか「ウプ」と言うのは、サン・ジュゴンを、大いなる神と讃えていたからに違いない。

従って、「大人」という言葉も、サン・ジュゴン信仰の人を表わし、ウチナーグチでは「大人」を「うふっちゅ」と言い、ヤマトグチでは「おふっと奴」、即ち、「おとな」と呼んだということである。

では、現在の日本に「大人」はいるか？と言えば、ほとんどいない。特に本土には大人がいない。しかし、沖縄には、まだ、残っている。沖縄県民の多くが龍宮祭や海神祭を楽しみ、また、辺野古のジュゴンを守れ！と叫んでいるのを見ると、辛うじて、「大人」はいることになる。現在の沖縄県対日本政府で言えば、沖縄県は大人だが、日本政府は、大人ではないということになる。何故なら、天皇自身が龍宮神ジュゴンを祀っていないからである。では、ユダヤ教やキリスト教の国々、それにイスラム社会やその他の地域に「大人」はいるか、といえば、それが、全く見当たらない。この地球上で、サン・ジュゴンを崇拝している地域は、南西諸島と高知県の龍宮神信仰地域を除いて、現在、ほとんど見当たらない。

それなら、黄河流域から広がったと思われるサン・ジュゴン信仰は、一体、どこへ消えたのか？

旧約聖書のジュゴン

しかし、旧約聖書には、しっかりとジュゴンの名が記されていた。

出エジプト記の二五章・幕屋建設の指示の五節に、「ジュゴンの皮」が、神への献納物としてある。また、二六章・幕屋を覆う幕の一四節にも、最後に赤く染めた雄羊の毛皮で天幕の覆いを作り、さらに、その上を「ジュゴンの皮」で覆うとある。また、三五章・幕屋建設の準備の七節にも、「ジュゴンの皮」があり、二三節にも、「ジュゴンの皮」があって、また、三六章一九節にも、三九章三四節にも、「ジュゴンの皮」で覆うようにと指示されている。

このように、旧約聖書に登場する「ジュゴンの皮」が、何を意味しているのかを考えた場合、それは、ユダヤ民族が、幕屋を作るときの慣習であったと理解する他はない。沖縄でも、家屋敷にサン（ススキの葉を輪結びにしたもの）をさし、ジュゴンパワーで清める慣習がある。しかも、この慣習は本土にも伝えられ、神社の茅の輪神事として、今も各地で行われている。このユダヤ人とウチナーンチュと、そして、本土での慣習の類似性は、もはや疑いなく龍宮神信仰、即ち、サン・ジュゴン信仰が、はるか西方に伝えられ、また、本土にも伝えられた証と思って、間違いない。

ここまでの報告で、農耕集落の「邑」から、「犬」と呼ばれた奴人たちの信仰の歴史を遡ることができた。では、「邑」の字に込められた意味は何か？　それは、「巴」がジュゴンを模した字に見えることから、「邑」は、ジュゴンに守護された領域を四角い囲みで表していると理解できるということである。しかも、中国には、三角や丸を乗っけた邑の字もあって、守護されたエリアの形は、何でもいいようであった。

殷王朝は犬王朝だった?

しかし、まだ信じられない。果たして、中国の殷王朝を建国したのは「犬」で、それが、ウチナーンチュの祖先だったと断定していいのだろうか? 確かにウチナーグチでは、殷も犬も同じ「イン」である。もしか、殷王朝は犬王朝だったかもしれない。

ところが、「犬」が本当にジュゴン信仰の人を指すなら、宮古島や沖縄本島に残る地名や伝説の謎も、また、三線音楽の始祖アカインコの「犬子」の謎も、一挙に解決できそうである。また、九州や本土各地に広がる地名の由来にも、迫れそうな気がする。

ウチナーの語源

二万年前の南西諸島人が、ジュゴンから平和を学び、平和に生きるための教えを持ち、やがて「犬」と呼ばれるようになった。その「犬」が、およそ五〇〇〇年前の黄河流域で、ユダヤ人に影響を与えていた。そのような歴史の流れが、ここまでの考察で分かったが、では、その「犬」が、本当にウチナーンチュの祖先「奴人」であったか?と言われると、なるほど、もう少し丁寧な説明が必要かもしれない。

例えば、「奴」の字に関して言えば、「殷・周王朝の成立」の資料の中でも、唯一、❺の、周の封建制度の説明に、「領主が、土着農民や奴隷を支配」と、たった一箇所「奴」の字があるのみである。だが、その、奴隷の「奴」の字が、暴力に訴えることを好まない奴人の特性を表わしている。権力者からすれば「奴らめ」の「奴」ということになるが、どっこい、その我慢強さはマグマと同じで、いつ爆発するか判らない。日米両政府に抗議を繰り返し、幾度となく開催されてきた「沖縄県民大会」だが、そのとき、会場で掲げられた赤い「怒」の字こそ、「奴の心」であった。

しかし、奴人は、本当にウチナーンチュの祖先だろうか。

神の島久高島では、かつてイザイホーの祭りが行なわれていたが、その祭りは、島で生まれた三十〜四十歳の女性が、一人前の「ナーンチュ」になるための儀式であった。即ち、その「ナーンチュ」とは「奴人」のことであった。文化人が神秘化したイザイホーの祭りだが、それは、「真の奴人」になるための儀式だったのである。そして、何より、「ウチナーンチュ」の「ナーンチュ」そのものが、「奴人」であって、先祖が「奴人」であったことは、疑いようがない。

では、「ウチナーンチュ」の「ウチ」とは何か？　それは、三世紀に遡らないと、説明できない。ヒミコと奴人の女たちが、宗教の正しさでもって倭国を世直しした時代、沖縄本島や奄美大島には、「倭及奴《わきな》」という呼び方があったようで、その「倭及《わき》」の部分が訛って、「ウチ」になったということである。

倭及奴とは、倭、及び奴という意味で、いわゆる本土と沖縄との民族の連帯を表わした地名表現ということになる。おそらく当時の日本の政治状況を表わして、そう呼んだのであろう。つまり、本土に倭国を建国したときの「倭及奴」が、「ウチナー」の語源であり、それが、ワキナ、ワクナ、ワチュナ、ワキュナ、ウキナなど、様々に訛って、現在は「ウチナー」に落ち着いているということである。

その倭及奴の名残りが、沖縄本島うるま市の屋慶名《やきな》や安慶名《あぎな》、そして、宇堅《うきん》などがある。また、奄美大島にも、秋名《あぎな》があり宇検《うけん》がある。倭及奴は「うきん（ぬ）」とも、「うけん（ぬ）」とも読めることから、宇堅や宇検も、その名残りということになる。また、本島南部の南城市には、百名《ひゃくな》がある。

そして、倭及だけの地名人名に、湧田《わくた》、湧川《わくがわ》、湧稲田《わくいなだ》などがあり、他に、奥《おく》、奥間《おくま》、奥田《おくだ》、奥田《おくだ》良《ら》、奥浜《おくはま》、奥山《おくやま》などがある。

また、及奴で残っている地名人名に、沖縄本島中部の読谷村喜名《きな》や、宜野湾市喜友名《きゆうな》などがある。それに、知名もあるが、チナは、キナが転訛したものということになる。ウチナーグチでは、キはチに変化するからだ。

また、『魏志倭人伝』に登場する狗奴国の「クナ」は、ヒミコと縁を切ったために、「倭」を除いて、「及奴」だけになった地名と考えられる。その幻の「及奴国」は、喜名や喜友名のある読谷村や北谷町、宜野湾市辺りだったと考えられる。

第三章　奴人とユダヤ民族

奴人こそ宗教民族だった

では次に。❺の解説の最後に、「農民は土地神の社を中心に村落をつくっていた」とあるが、それが、現在の南西諸島のウタキや神屋、または本土各地の神社と、どう繋がっているのか、そして、徐福渡来が、どのように関係したのかを考えてみたい。

前二〇〇〇年以上も前、黄河流域に彩陶文化が出現。そして、それは、西方の文化の影響を受けていた。そのことから、すでに、ユダヤ人が黄河流域に現れていたことが分かった。また、同じころ、農耕集落の「邑」が発生し、宗教民族としての奴人の活躍も始まっていたことが分かった。

宗教民族といえば、ユダヤ人の専売特許とばかり思っていたが、どうやら違った。むしろ、ユダヤ人を、世界的な宗教民族にまで高めたのは、奴人の教えだったようだ。理由は、ユダヤ人が黄河流域から持ち帰ったのは、文字ではなく、奴人の教えと、サン＝ジュゴンを表わす言葉だけのように思われるからだ。例えば、「サン」や「ザン」、「ジャン」などを、聖なる名として持ち帰ったようである。

それでは、ユダヤ人に影響を与えた奴人たちは、黄河流域で、どのような宗教儀礼を行っていたのであろうか。多分それは、現在とあまり変わらないやり方で、神と対話しながら、占い、伺い、願いや誓いをたて、ジュゴンに見守ってもらうよう祈っていたと思われる。そして、祈る際に、大、巴、邑、三、山、などの文字を亀の甲に印し、加えて、理想郷を表わす「土」の字も印し、演出していたことが考えられる。しかも、これらの卜辞が、亀の甲や獣の骨に刻まれたことからすると、やはり海洋民族である奴人が祭祀を執り仕切っていたことは間違いない。どうして、陸亀もいるじゃないか？との考えも浮かぶが、ジュゴンと亀を結びつけて考えられるのは、やはり奴人しかいないからである。

龍宮城から天国へ

浦島物語には、亀が登場し、太郎を龍宮城へと案内した。しかし、その龍宮とはジュゴンのことであった。ジュゴンと亀とは仲がいい。それは、辺野古沖を泳ぐジュゴンと亀の写真を見れば分かる。

もしかすると、龍宮城への憧れは、殷の時代の黄河流域で、すでに生まれていた可能性がある。

龍宮城では歳をとらないという。そのような異次元世界への憧れが、やがては、神の国への憧れとなって語られるようになったのではないだろうか？　そして、いつしか、神の国の存在が人々の心に安心をもたらすようになり、同時に、神の下で平和に暮らしていくための教えを、みんなで共有し、誓いあうようになった。おそらく、そのような教えと約束が、ユダヤの遊牧民によって西方に伝えられ、広がったように思うのである。

即ち、サン・ジュゴン信仰と共に伝えられた理想郷の夢、楽園の夢が、神の国への憧れとなって伝えられ、それが、ユダヤ一二支族を統一民族としてまとめる力にもなった。加えて、「土」のイメージから十字架も生まれ、さらに約束の教えも、しだいに十戒にまとめられていった。となると、これは、できすぎたシナリオのようではあるが、しかし、否定もできない。あまりにも、キリスト教文化とウチナーの文化は似すぎているからだ。

ただ、似て違うことは、キリスト教世界ではイエスが政治犯として磔刑に処せられ、その上で、神の子として、また救世主として崇められていること。一方で、ヒミコは、大乱後の倭国を世直しして、倭国の尊い百襲姫として、ウチナーンチュからトートーメーと崇められてきたということである。しかもヒミコには、実際に戦争のない平和な宗教国家を建国した実績があった。だがしかし、彼女の功績は後の大和朝廷に歴史から消され、その上で、皇祖神天照大神として祀られてしまったということである。

また、十字架にはものを清める強烈な霊力があると信じられていることと、沖縄の神女たちの持つマガタマやサンにも、同様に、強烈な霊力があると信じられていること。いずれも、奴人の教えをルーツにするが、十字架は、イエスを神の子と崇める象徴となり、一方で、マガタマやサンは、ジュゴンの霊力で、邪気を清めるのに用いられ、それが、三つ巴紋の象徴になったということである。

また、奴人が、ジュゴンを「サン」と呼んで、神の使いと崇めていることから、ユダヤ人もまた、神の使いを「サン」と讃えるようになったと思われることである。これは嘘みたいな話だが、「サン」が、広く西方に広がった証拠に、キリスト教の布教で尽力した人や、あるいは功績が認められた著名な偉人聖職者の名前に、ことごとく「サン」(聖)、「セインツ」(聖人)、「サンタ」あるいは、「ジャン」「ジャンヌ」「ヨハン」などを冠しているのは、おそらく、ジュゴンの「サン」に由来したものと思われる。もしかすると、英語圏の「ジョン」「ジョニー」なども、その流れかもしれない。

サンタ・マリア、サン・サーンス、サン・フランシスコ、セント・ルイス、ジャン・ジャック・ルソー、ジャンヌ・ダルク、ヨハン・セバスチャン・バッハ、ヨハン・シュトラウス、ヨハネスブルク、サン・パウロなどなど、数えあげるときりがない。

徐福と猿田彦

サンやザンが、ユダヤ人によって西方に伝えられていたとするなら、ヒミコがヤマトを「世直し」

した際に案内役として現れた猿田彦も、また、「サンタ・ヒコ」だったことが考えられる。しかし、倭国大乱のときの「サンタ・ヒコ」と、中国の殷の時代に現れていたユダヤ人とは、およそ二〇〇〇年もの時間差がある。日本に現れた「サンタヒコ」は、おそらく前二一〇年頃、徐福とともにやってきた宗教指導者の子孫、それこそ「大夫」ではなかったか？

日本への徐福渡来を理解するには、前七二二年、イスラエルの十支族を糾合していた北朝ユダヤ、即ち、イスラエル王国がアッシリアに滅ぼされ、多くの国民が殺され、残った国民のほとんど全部が、虜囚としてアッシリアに移されたという話に、遡って考える必要がある。ところが、この虜囚たちはその後ばったりと消息を絶ち、どこへ消えたか分からなくなったという。これが、「失われたユダヤの十支族」の謎であったが、このミステリーを解くには、やはり、古代黄河流域へ進出していた奴人と、はるか西方に、イスラエルを建国するに至ったユダヤ民族との交流の歴史を、辿るしかないように思う。

そこで、浮かんだのが、ユダヤ十二支族の中で、宗教指導者であった奴人が「大夫」として活躍していたのではなかったか？ということである。もしそうであったなら、その奴人が、イスラエルを追われたときのリーダーとなって、日の出づる東方の楽園に帰ることを決めたことになる。そして、民族を引き連れ、居留地を転々と移動し、何世代にも亘って、東へ東へと移動し続け、やっと中国に辿りついたのが、秦の時代より少し前あたりではなかったか？

そこで、そのような記録がないものかを調べてみると、『佐賀・徐福国際シンポジウム2015』の資料の中にあった。

始皇帝はユダヤ人だった?

菅谷文則氏の寄せた「秦の始皇帝の生涯と徐福」の(1)、始皇帝の誕生の項を要約すると、

『史記・巻六』秦始皇帝紀第六に、始皇帝の父は秦の荘襄王。始皇帝は、昭王四八年正月に、趙で誕生。前二五九~前二一〇年の生涯。父荘襄は戦国の秦の王。秦は戦国時代の秦・楚・斉・燕・趙・魏・韓の七国のうち、もっとも西の国で、中原から大きく離れていた。始皇帝が秦王となった頃は、秦地は四川省の巴・蜀、山西省にも及んで拡張。始皇帝の天下統一に重要な行動をした諸将が集合しつつあった。

とある。

読むと、やはり、ユダヤ人が西方から入ったようすが伺えた。

始皇帝の父ソウジョウもユダヤ人らしい名で、なんとなく、サン・ジュゴン、あるいは、サンジュワンの響きを連想する。それに、秦も、響きからすると、シン、即ち、ジュゴン信仰を表わしてい

るように見える。また、四川省の「巴」も、「蜀」も、山西省の「山」も、気にかかる。蜀は宿ではないか?ということである。それに、始皇帝自身が、東海にすむ仙人の不老不死伝説には、特段の興味を持っていたようであり、徐福との接点は、やはり、サン・ジュゴン信仰にあったことは間違いない。

ところで、中国人は、徐福をシーフーと発音するらしい。シーフーがユダヤの「ジュウ」なのか、「ジュウ・フツ」なのか判然としない。つまり、徐福が個人名か、集団名か、福さんがリーダーのユダヤ集団だったのかがよく分からない。であるが、多分、始皇帝に渡海の許可と費用の援助を申し出たときの中心人物は、徐州、即ち、ユダヤ州の福さんであったと理解したい。

漢字を生んだ奴人の文化

さて、殷王朝以前に、大、巴、邑、あるいは、三、山、土、などの卜辞があったと仮定した上で、話を進めてきたが、甲骨文字を調べてもいないので、ほんとうかどうかまだ分からない。しかし、その後、中国の漢王朝に至るまでのおよそ一四〇〇年間に、ジュゴン信仰に関連する、仙、嶋、島、岳、嶽などの字が、次々に生み出されたことを考えると、まんざら、的を外れているとも思えない。

さらに、これら「山」のつく文字から感じることは、東海に浮かぶ奴人の故郷、南西諸島に対する強い憧れのイメージである。そして、その憧れは、宝貝が殷王朝の貨幣であった歴史が証明するように、経済的価値の高まりとともに、さらに強まったことが考えられる。また、経済に関する漢字に、ことごとく「貝」の字が用いられたことは、中国文化に与えた奴人の影響が、計り知れないほど大きかったことになる。

貨、財、額、貴、賢、貢、買、購、債、賛、資、賜、質、賞、償、責、績、則、贈、賊、損、貸、貯、賃、漬、貞、敗、販、費、貧、賓、負、賦、貿、預、などなど。

即ち、このような文字が中国で生まれた背景には、長きに亘る貝交易の歴史があったということ。そして、我々の想像する以上に、南西諸島は、宗教上の憧れに加え、宝来山と呼ばれる経済上の憧れにもなっていたということである。

殷と南西諸島の奴国

中国人の憧れた奴人の国「奴クニ」の地名は、現在も沖縄県の各島々に残っている。例えば、与那国は、邑にあやかった「邑奴《ゆな》クニ」であり、本島北部の与那《よな》は「邑奴《ゆな》」で、中部の与那城《よなしろ》は「邑《ゆ》奴《な》グスク」で、南部の与那原《よなばる》は「邑奴原《ゆなばる》」である。しかも、与那原には与那古橋《よなこばし》があることから、元は、「邑奴国原《ゆなくばる》」と呼ばれていたのかもしれない。

また、邑と奴から、南西諸島に咲き香る「ユウナの花」が、「邑奴の花」だったことが分かる。

このように、ジュゴン信仰を表わす文字と、「奴」を合わせると、南西諸島の凡その地名が、サン＝

ジュゴンにあやかったものであったことが分かる。例えば、「邑奴巴《ゆなは》」は与那覇《よなは》で、那覇《なは》は「奴巴《なは》」。また、「大」と「奴」を合わせた地名が「大奴《うふな》」で、首里や南風原町《はえばるちょう》の大名《おおな》と呼ばれる地名がその名残りである。また、「巴」と「奴」とで、玻名城《はなしろ》や花城《はなしろ》になり、「奴」とグスクで、名城《なしろ》の地名人名もある。また、琉球舞踊の「花風」の本来の意味は「巴奴風」であったことが分かる。

そして、ジュゴンの拠点を表す「山」と「奴」を合わせて、「山奴《ざんな》」になり、それが、謝名《じゃな》という地名や人名になったようである。

また、琉球古典音楽の「ザンナ節」は、正しく、「山奴《ざんな》」を思った歌ということになる。さらに、「山奴」の前に「大」を加えた、大謝名《おおじゃな》という地名もある。また、「山奴元《ざんなもと》」を意味する謝名元《じゃなもと》姓もある。

ついでだが、琉球古典音楽の名歌「散山節《さんやまぶし》」は、その「サン」も「山」も、ジュゴン信仰の場所を表わし、元は「三山節」だった可能性がある。

また、ジュゴンは宿神なので、「奴コク」は「宿奴《すくな》のクニ」とも呼ばれ、その名残りに、識名《しきな》や、底仁屋《すくにゃ》などの地名や人名がある。また、名護には数久田《すくた》がある。そして、琉球王国最高位の聖地・斎場御嶽《せーふぁ》のある場所が、正に、「宿奴《すくな》」と呼ばれる地名であった。

なお、この「宿奴《すくな》」と「大奴《うふな》」は、日本の歴史を知る上で、大変重要な地名であることを覚えていて欲しい。即ち、出雲大社を始めとする全国の出雲系神社の祭神が「大奴神」と「宿奴日子」であるということは、沖縄のジュゴンとヒミコを祀っていることになるからである。それに、東京の神田明神の祭神もそうであった。

奴は、ナともヌとも、ドともトとも読め、ンとも読める字である。クニは、クと短くいう場合が多く、奴クニも、古くは、ナクやヌク、あるいはナカと呼んだようである。

奴を表わす当て字には、名、那、納、今、などがあり、加えて、宮の字も、奴を表わす重要な字である。名瀬《なぜ》、辺土名《へんとな》、今帰仁《なきじん》、名護《なご》、嘉手納《かでな》、大謝名《おおじゃな》、喜友名《きゆうな》、伊是名《いぜな》、屋慶名《やけな》、平安名《へんな》、安慶《あげ》名《な》、百名《ひゃくな》、宮城《みやぐすく》、宮平《みやひら》、宮古《みやこ》、名城《なしろ》、那覇《なは》、与那覇《よなは》、与那原《よなばる》、与那城《よなしろ》、名蔵《なぐら》などなど、南西諸島の至る所が、奴クニであったことを留めている。

他に、中や仲も、「奴ク」を表わす字で、中原《なかはる》、仲原《なかばる》、中村《なかむら》、仲村《なかむら》、仲間《なかま》、仲宗根《なかそね》、などなど、これまた至る所にある。それに名護市の中山《なかやま》や大中《おおなか》も、ジュゴン信仰の奴クニを表わしているということである。

また、琉球王国の首里城を「中山《ちゅうざん》」と呼んでいるが、「奴国山」の意味からすると、本来は「ナク山」か、「ヌク山」であった可能性がある。

さらに言えば、中国大陸の中国も、日本の中国地方の中国も、元々は、奴人の国「奴クニ」に由来した国名かもしれないということである。

また、「奴ク」を、名嘉《なか》や、長《なが》で表わす地名人名も多く、名嘉地《なかち》や名嘉真《なかま》や長浜《ながはま》や長田《ながた》などがある。

また、琉球古典音楽の名歌「仲風」や「長じゃんな節」の仲や長は、「奴コク」の歌という意味であったことが分かる。

また、宮の字も「ナ」であり、宮古は「奴ーク」である。また、宮古島に多い宮国《みやぐに》の地名人名は、「奴クニ」そのものを表している。また、宮城は「ナーグスク」、宮平は「ナーデーラ」で、これらの地名人名も「奴クニ」を表わしている。また、奴は「ヌ」でもあり、野原《のばる》や野国《のくに》などの地名人名になっている。

このように「奴国」を表す証拠が数多くある南西諸島だが、しかし、この「奴クニ」だけで、奴人と殷王朝との関係を説明できるのか？　と言われたら困るので、次の話をしておきたい。

宮古島の人は、よく「インヌファ」と呼ばれるという。それは「犬の子」の意味であり、殷の子孫ということである。また、本島北部の本部町《もとぶちょう》には、伊野波《いのは》（いぬふぁ）と呼ばれる部落があるが、それこそ「インヌファ」であり、言葉通りの犬の子、殷の子孫ということになる。また、三線音楽の始祖「阿嘉犬子《あかいんこ》」の「犬子」も、ジュゴン信仰の子「犬子」の意味だったことになる。

また、琉球古典舞踊の「伊野波節」にも、犬の子孫の故郷を偲ぶ意味が込められているということである。ついでだが、伊野波部落のある本部町《もとぶちょう》や今帰仁村《なきじんそん》には、有名な「宮古根《なーくにー》」と呼ばれる民謡がある。しかし、その歌は、宮古島とは全く無縁の歌で、名護が、古くは「ナク」とか「ヌク」とか呼ばれたため、その辺りで歌われていた歌が、即ち、「奴クニ」の歌、「ナークニー」であったということである。

そのほか、殷奴・犬奴を表す場所として、うるま市の伊計島には、インナガーと呼ばれる湧水がある。島には二五〇〇年前の縦穴式住居跡があり、近くに、ウフドゥマイと呼ばれる美しい白砂のビーチがある。その大泊《うふどぅまい》ビーチから金武湾の向こうは、沖縄本島が横たわり、母なる山と慕われる恩納岳《おんなだけ》の姿が見える。その恩納岳連山右側には、米海兵隊実弾射撃訓練阻止を闘った、日本復帰後最大の反戦闘争の舞台、ブート岳が見え、その闘争の拠点となった村が、麓の恩納村喜瀬武原《きせんばる》区である。そのため「喜瀬武原闘争」と呼ばれたが、その時の熱い平和への思いは、現在、辺野古新基地阻止闘争へと結集されている。

ところが、肝心な恩納村の、恩納の由来が分からない。恩納はウンナなので、ウフナ、つまり、大奴の訛りともとれるが、しかし、殷奴・犬奴が転訛した可能性も捨てがたい。

周王朝と琉球

さて、殷王朝と奴人の関係を追って、ここまで南西諸島の奴国について述べてきた。しかしその流れで言えば、現在の中国も、本土中国地方の中国も、奴国の意味に読めるのであった。

では、次の周王朝と南西諸島との関係はどうだったのか？　それが、地名からは、何も見つからない。ところが、なんと、琉球王朝の封建制度の精神的支柱とも言える「シュウ」、即ち、「主」という言葉に目を向けると、驚くべきことが分かった。

もし、殷王朝から周王朝に替わった理由が、封建制度の確立にあったとするなら、それは、主制度とも言える社会体制への移行ではなかったか?ということである。そのことが、琉球王朝の神権政治と封建制度から読み取れるように思う。

琉球王国時代の「主」は、位階の高さを表わす敬語で、目上を敬うときの代名詞で使われていた言葉であった。例えば、国王のことを「大主加那志《うしゅかなし》」、あるいは「御主加那志《うしゅかなし》」と敬って、申し述べた。

「シュウ」は、「主」の字で表わし、「ウフシュウ」は、「大主」と書く。意味は、ジュゴンを崇拝する御主人さまのことで、琉球の神女組織の頂点に立つ聞得大君《きこえおおきみ》の、さらに、その上のトートーメーと讃える日子、即ち、ヒミコを指して「大主」いう場合もあった。それに、出雲神話の「大国主《おおくにぬし》」の「主」の意味も、「大主」と讃えられた人であったことを、付け加えたい。

また、久高島の漁師をウプシュウと敬うように、どの部落でも、本家や大家の古老を「ウフシュウ」、「ウプシュウ」と敬うのであった。ところが家庭内では、役に立たない親や夫に対し、「ヤナシュウグヮー」と大声で罵り、軽蔑とも敬愛とも取れる言葉で大喧嘩する場合が、これまた多いのであった。

また、各部落で踊られる女たちの「ウスデーク」は、本来の意味からして、「ウフシュウ太鼓」即ち、「大主太鼓」であったと思われる。また、本島南部の八重瀬町安里では、「主」が抜けて「ウフデーク」と呼んでいるが、意図は同じなので、女たちが「主」を敬って捧げる踊りであることに、変わりはない。

その「主」とは、家の主人のことであり、地域をまとめる行政官であり、首里の王様のことであり、ひいては、「トートーメー」と讃える「倭迹迹日百襲姫《やまとととひももそひめ》」、即ち、「大倭の大君ヒミコ」に、献上する意味が込められ、歌い踊られていることになる。

「トーメーメー」とは、尊い御前様のこと。例えば、琉球古典芸能の御祝儀舞踊「御前風《ぐじんふう》」は、尊い御前様の意味である。その御前様とは誰のことかと言うと、一つは、御前風の「前」を「ジン」と発音することから、それは龍宮神ジュゴンを指すということ。そして、「風」が意味するところは、ジュゴンを真似て、ゆったりと歌い踊るということである。

そして、もう一つ、「トートーメー」の意味するところは、「大倭大君《うふわうふじん》」を指しているということ。即ち、「ウフワウフジン」は、倭国の女王「ヒミコ」のことであり、ウチナーンチュが、祖先を「ファーフウジ」と言うのは、この「大倭大君」が訛ったものということである。また、ヒミコがトートーメーと慕われた証として、お月さまを「トートーメー」と呼ぶことがあげられる。即ち、ヒミコは、「日の神」「月の神」の霊威を兼ね備えた尊い女王であったこと。また、日と月を合わせた「明神」でもあったということである。従って、その「大倭大君」の志を継いだ琉球王国の「聞得大君」は「チエウフジン」と呼ばれ、神名は「月きよら」であった。そして、聞得大君と神女たちが、「天にとよむ大主」とオモロを歌い讃えた「大主」とは、日子、即ち、ヒミコのことだったということである。

さて、このように、沖縄では日常的に使われている「主」、即ち、「シュウ」の代名詞であるが、一体、何処からこの「シュー」が来たかと考えた場合、やはり周王朝からの伝統であったとしか考えられない。殷・周の歴史と奴人の動きを見ると、周王朝の封建制度は、琉球王朝の主制度の原点そのものに見える。また、サン・ジュゴン信仰を真振とする神権政治の宗教儀礼も、周の時代には、ほぼ完成していたと思われる。それは、あまりにシンプルな精神的制度であり、極めて琉球的であり、「父母を敬え」という、モーゼの十戒にも通じる制度でもあったと思われる。また、そのような宗教力があったからこそ、奴人たちは紀元後に倭国を誕生させることができたし、さらには、琉球王国を誕生させたことにもなる。

思えば、ウチナーンチュが父母を敬い、目上を敬いなさいと教えてきたその心は、黄河文明発祥から周王朝にかけて、既に、培われていた主制度の教えであったようである。そして、その宗教的教えが明末から清初期に六諭衍義《りくゆえんぎ》（皇帝の六諭を庶民に教えるための解説書）としてまとめられ、それを後に琉球の賢人程《てい》順則《じゅんそく》・名護親方《なぐうぇーかた》（一六六三―一七三四。琉球で初めて学校を設立）が琉球に持ち帰り、そして、八代将軍吉宗にも献上し、それが、江戸時代の寺小屋の教科書にもなり、日本人の精神教育にも役だてられていたことになる。

殷・周時代の検証

それでは、「殷・周王朝の成立」を、もう一度目を通し、琉球王国との繋がりが、本当にあったかどうか、確かめておきたい。

＊殷の誕生は、前一六〇〇年ごろ。

殷は、原始的な氏族社会。神権政治を行い、王は政治上の指導者で宗教上の指導者。農事・軍事の国事は、王が主宰して神意を占い、王が万事を決定した。

＊文字は、甲骨文字。漢字の原型である。

＊周が殷を倒したのが、前一一〇〇年ごろ。

殷の神権政治は、王が万事を決定しておこない、およそ五〇〇年続いたが、服属していた周に倒されたという。ということは、殷王に対する周囲の不満が高まっていたことが考えられる。それは、王権の乱れによる宗教の形骸化にあったかもしれない。北に山戎、西に犬戎と、掟厳しい地域が存在していたことからすると、そのように見える。それに、経済の発展とともに、主制度による封建制度の確立が急務であったことが考えられる。社会的信用が確立されていなければ、経済は成り立たないからである。

そして、そこで気になるのが、やはり商人としての「戎」の存在であり、「モーゼの十戒」と「周王朝」との関係であった。

ユダヤ人の歴史

ポール・ジョンソン著『ユダヤ人の歴史』上巻、「神の主権と人間の尊厳」の項には、「前一二五〇頃発布されたと考えられる初期のモーゼの法典は、当時すでに大昔と考えられた遠い過去から続く伝統の一部であった」と、書いていた。

思った通り、殷王朝以前から伝承されていた奴人の教えは、ユダヤ人の宗教となって広がっていたということである。そして、その教えを「十戒」にまとめたのが、モーゼであったという。さらに続きがあり、「十戒」に影響を与えたと思われる最古の法典は、ウル第三王朝の「シュメールとアッカドの王」ウルナンムが編纂したもので、それが前二〇五〇年頃にさかのぼるという。ということは、黄河流域に「邑」が発生した頃には、すでに、「十戒」の元となる教えがシュメール辺りにあったことになる。とすると、シュメールの「シュ」と、「周」と、琉球の「主制度」が、全くの無関係かというと、どうも、そうは言えないような気がする。
それなら、「十戒」が、本当に琉球の伝統的精神文化と共通したものかどうかを、『ユダヤ人の歴史』で見てみよう。
神とイスラエルの契約の基礎、十戒に、次のように記されていた。

「モーゼの法典の中核は、『十戒』である。それはモーゼの口を通して語られた十の戒律であった。『十戒』の原形とされるものは、出エジプト記二〇章二節から一七節に記録されている。その内容についてはまだ多くの疑問があり、あいまいな点が残る。おそらくそもそも『十戒』の原形は、もっと短く飾り気がなく簡潔であった可能性が高い。後代になっていろいろ修飾がなされたようである。」

と書かれ、そして、

「モーゼによって直接与えられた最古の『十戒』は、次の三部分に分類できる。即ち第一戒から第四戒までは神と人との関係を規定したもの、第六戒から第十戒までは人と人との関係を扱い、第五戒は前後二つの部分を結びあわせ、親と子の関係を規定したものである。これを並べると次のようになる。」

序言「わたしはあなたの神ヤハウェである」
第一戒「わたしの他何ものをも神としてはならない」
第二戒「自分のために偶像を彫ってはならない」
第三戒「あなたの神ヤハウェの名をみだりに口にしてはならない」
第四戒「安息日を覚えよ」
第五戒「あなたの父母を敬え」
第六戒「殺してはならない」
第七戒「姦淫してはならない」
第八戒「盗んではならない」
第九戒「いつわりの証を立ててはならない」
第十戒「むさぼってはならない」

「こうした倫理律の一部は、他の古代オリエント文明にも共通して見られるものであった。しかし神と人とに対する正しい行ないを総括的にまとめたうえで提供したものは、古代社会において『十戒』に並ぶものは、一つとしてない。『十戒』は神との契約の基礎である。アブラハムによって結ばれヤコブが更新した契約は、モーゼとその民すべてによって、公の場で厳粛に、再び更新された。出エジプト記一九章から二四章に短くまとめられたことにより、詳しく記載されたモーゼを介して結ばれてた神との契約は、古代オリエントの諸民族が締結した条約の形式を踏襲していることが近代の研究によって明らかになった。」

と、著者ポール・ジョンソンは、述べている。

やはり、そうである。モーゼがシナイ山で神と契約した話は、それまで諸民族間で交わされていた神との契約を彼がまとめ、ユダヤ人救済の儀式をおこなったということであった。一民族のため、また、モーゼ個人のために、神が現れたわけはなかったということである。その神との契約というのは、モーゼが直接「神」から授かったものではなく、彼自身の脳内宇宙でまとめた契約であった。しかも、上ったとされるシナイ山が、今どこにあるのか分からないという。

となると、契約のルーツは、やはり、古代南西諸島の奴人の教えに遡るしかない。「十戒」の教えが、極めてウチナー的であることと、出エジプト記の「幕屋の作りかた」に見るように、ジュゴンが仮宿を守る神として慣習化していたことを考えると、十戒は、奴人の教えがルーツであった可能性が高いということである。

それでは、「十戒」が、本当に、奴人の教えであったかどうかを、検証しよう。

まず「十戒」の序言、神は自らを「ヤハウェ」をなのっているが、では、南西諸島に「ヤハウェ」のルーツのようなものがあるかと言えば、それが、あるのであった。実は、「ヤヘー」という神の存在を意識していると思われる言葉や地名が、至る所に見られるのである。

慶良間《けらま》諸島座間味村《ざまみそん》阿嘉島《あかしま》には、かつて「ヤヘー神」が遠くの岩陰に現れ、島人と交流する祭りがあったという。そして「ヤヘー神」は、本当の神だと信じられていたという。また、神武天皇が生まれたとされる伊平屋《いへや》島にも、「ヤヘー岩」がある。それに、そもそも八重山が「ヤヘー山」であり、陰暦三月三日に浮上する宮古島の八重干瀬《やびじ》も、「ヤヘービシ」であった。また、本島南部の八重瀬《やえせ》町が「ヤヘー瀬《じ》」で、本島中部沖縄市の八重島《やえじま》も「ヤヘー島」である。そして、その「ヤヘージ」の変化形に「ヤージ」があって、屋宜《やぎ》や屋宜原《やぎばる》の地名になっている。そして、「エージ」の変化形に、江洲《えす》、上江洲《うえず》、高江洲《たかえす》などがある。それに、琉球王国の高級女官の名にも「アオリヤへ」の名があるが、意味は「天降りヤヘー」である。このように見ると、南西諸島の「ヤヘー神」信仰がユダヤに伝わり、「ヤハウェ」になったことは、充分に考えられる。

では、第一戒、「わたしの他何ものをも神としてはならない」との命令は、どうだろう。

それは、琉球が、長く仏教やキリスト教を受け入れなかった歴史を見れば、分かることである。

たとえ首里王府が大和に妥協し、多少仏教を受け入れたことがあったにせよ、王国全体としては、決して、龍宮神信仰を止めることはなかった。また、グレートリュウチュウこそは、キリスト教の理想郷と意気込み、しばらく、那覇での布教に努めていたかの宣教師ベテルハイムも、ついに諦め、琉球を去るしかなかった。何故なら、イエスを神の子と認めることは、偶像崇拝にも等しいと思われたからだ。

では、第二戒「偶像を彫ってはならない」は、どうか？

言わば、この第二戒は、南西諸島の「清ら」な精神文化の基本であった。何処の御嶽であれ、どこの神屋であれ、そこには、平御香《ひらうこう》をのせる四角い切石の他に何も置いてはならないとする暗黙の教えがあって、即ち、偶像を崇拝してはならないということであった。

画家の岡本太郎氏が、生前、久高島の聖地クボウ御嶽に案内され、あまりにも何もないことに驚き、めまいしたという話は有名だが、しかし、御嶽に仏像など人工物を置こうものなら、即、拒否反応を起こし、めまいするのがウチナーンチュの心であった。

次の、第三戒、「ヤハウェの名をみだりに口にするな」であるが、ウチナーンチュが「ヤハウェ」を口にすることは、殆んどない。

次の第四戒は「安息日を覚えよ」とあるが、これはユダヤキリスト教の定めた土曜日や日曜日ではなく、年間を通して神を祭る節日をもうけ、安息日としているのが南西諸島の祭りの慣習であった。

第五戒、「父母を敬え」との教えだが、これは言うまでもない。「てぃんさぐぬ花」や「デンサー節」などの教訓歌を歌い、常に、父母を敬うよう教え伝えてきた民族といえば、やはり、ウチナーンチュである。デンサー節の「デンサー」とは、教えを「伝承」するの意味で、生きていく上での大切な教えを諺にし、それを歌にのせて伝えてきた慣習は、正しく、宗教と言える。

第六戒、「殺してはならない」であるが、これは、ウチナーンチュの絶対平和主義の心そのものである。その掟があるからこそ、礼を重んじた専守防衛の武術「空手」も生まれたと言える。空手も琉球舞踊も、基本形は、ジュゴンから生まれた精神文化だということである。また、日本の国技である「大相撲」も、元はと言えば、ジュゴンに奉納する神事であったはずである。

第七戒「姦淫してはならない」であるが、男と女は、淫らであってはならないという戒めである。『魏志倭人伝』に、「倭国の婦人は淫らでない」と記されたことは、ヒミコの統治した倭及奴においても、この掟が守られていたことを示す重要な証言であった。また、明治時代、南西諸島の民俗調査を行った河村只雄氏が、著書『南方文化の探求』の中で、久高島では結婚の相手が決まっても花嫁が逃げ回り、なかなか一緒にならないという話を、奇習のごとく紹介していたが、しかし、これこそが掟厳しい久高島でのことで、花嫁自らが淫らでないことを証明しなければならないという笑えない慣習であった。

第八戒「盗んではならない」及び、第九戒「偽証を立ててはならない」であるが、これらは正に、ウチナーンチュが米軍基地問題で毎日のように訴えている、日米両政府に対する抗議の声そのものである。宗教に照らして言えば、ウチナーンチュの訴えが神の掟である以上、正義はウチナーンチュにあるということである。さらに、最後の第十戒「むさぼってはならない」に至っては、ウチナーンチュの平和への願いを無視し、核軍備や原発や、欲に溺れた政治を正当化し美化してきた、人類に対する「神の警告」として受け止めるべき戒めである。

以上、「十戒」とウチナーンチュの教えと慣習が、見事に一致していることに驚くが、殷・周王朝時代の奴人たちも、やはり同様の教えを大切にしていたのかと思うと、泣きたくなるほど切ない。しかし、やがて、そのような周王朝も滅び、戦乱の春秋時代となり、中国の歴史は、さらに秦の時代へと移り変わっていくのであった。

始皇帝と徐福

では、秦の時代は、如何なる時代であったか？

ここから『佐賀・徐福国際シンポジウム２０１５』の資料を参考に、いよいよ、秦始皇帝と徐福を追うことにしよう。

前二二一年に秦の始皇帝が天下を平定。前二一九年、始皇帝に対し「徐市（徐福）らが（次のように）上書きしてきた。海中に三神山あり、（その）名は蓬萊、方丈、瀛州で、仙人がそこに居んでいると言っている。そこで、徐市に童男女数千人を（徹）発させ、海に入って仙人を求めさせた」と、徐福に関する最初の記事が『史記』に載る。

ところがこの記事については、『史記』に遅れること約二〇〇年で編集された『漢書』の「郊祀志」に、「この三神山は、渤海にあると伝えている。人（里）を去ること遠からず（去人不遠）、かつて、至った者があり、諸仙人と不死の薬はみなここにあると伝えている」と記されている。

また、『括地志』（唐太宗の六四二年に編集された地理書）には、亶州は、東海中にあり、秦始皇帝が徐福をして、童男女を海に入らしめ、仙人を求めさす、この州にとどまり、数万家となり、ともとし、今州上の人会稽に交易する……」とある。

であるが、前二一〇年の『史記』では、「方士徐市らが、海に入りて神薬を求める。数歳をして得るを得ず。（ついえ）多く、譴を恐れて、すなわち、詐って『蓬莱薬は得ることが可である。しかるに、常に大鮫魚が苦をなし、ゆえに得に至らず。願わくは善射（弩弓の上手な兵士）をともに見ればこれを連弩射する』といった」。（略）始皇帝は、人の姿をした海神と戦う夢を見た。／占夢をさせた。博士は『水神は見るべからず。大魚蛟龍をもって候となす。云々と』。その後、始皇帝は死に、自ら造墓した秦陵に葬られた。そして、秦は万世ではなく、三世にして滅んだ。

以上が、菅谷文則氏（奈良県立橿原考古学研究所所長）の寄稿をまとめたものだが、おおよそ、徐福の歴史が確認できたように思う。しかも、新たに分かったことがあった。それは、春秋時代の五〇〇年間は、サン・ジュゴン信仰が迫害されていたこと。そして、代わりに祀られていたのが、蛟龍や鰐、龍であったということである。そして、天下統一後の秦においても、サン・ジュゴン信仰への迫害は続いていたようで、それが、始皇帝と博士のやりとりから伺えた。即ち、始皇帝がユダヤ人なら、サン・ジュゴン信仰を復活させて然るべきものを、博士が夢占いと偽って指示したのは、海神ではなく蛟龍であった。それによって徐福の願いは断たれ、始皇帝も死に、秦王朝は三代で途絶えてしまう。ところがその後、本土への徐福渡来があったことを考えると、徐福が諦めていたわけではなかったということである。

復習すると、徐福が前二一九年に渡った最初の目的地は、日の上る東海の三神山であったこと。それが、イスラエルを追われたあと、代々伝えられてきた目的だったようである。険しい山道を、ひたすら東へ東へと進み、数百年をかけ幕屋を移動し続け、羊を追い、そして、ついに、徐福は中国の西方に辿り着く。だがしかし、その頃、すでに周王朝はなく、弱肉強食の戦争の時代であった。そんな中で、徐福は居住地を点々としながら、ついて来たみんなを三神山まで連れて行かねばと、考えていたようである。それが、宗教指導者としての義務だったか夢だったか。幸い秦が大きく力をつけ、そして、始皇帝によって天下統一がなされていった。そこで徐福は機を窺い、積年のユダヤの夢を実現すべく始皇帝に訴えた。すると、始皇帝は快諾し、三神山にいるという仙人と、そこにあるという不老不死の薬を求めさせたという。ついに、始皇帝の援助を受けた徐福は、徐州のみんなをひきつれ、船団を組んで出発した。そのとき、童男女数千人だったというから、大変な民族の大移動である。ところが着いて見ると、海にはジュゴンがいるものの仙人はいない。でも、陸には仙人のような、大人しい人たちがいた。それが、三神山に生きる純奴人の姿だったことになる。徐福は、戦争を全く知らない世界を目の当たりにし、天国はこの地であると思ったに違いない。

その、徐福一行の着いた所が、沖縄本島読谷村や北谷町辺りだったと思われる。それは、菅谷文則氏の寄稿にもあるように、前二一九・秦王政二八年に行なわれた海上での首脳会議の記事に載った、「徐福が上書きしてきた海中の三神山は、蓬莱、方丈、瀛州である」といい、しかし、約二〇〇年後に編集された『漢書』の「郊祀志」は、「三神山は、渤海にある」と伝え、さらに『括地志』では、「亶州は、東海中にあり」と、その場所を伝えている。その「タン州」で、分かったことであった。

南西諸島で「タン州」らしき地名と言えば、読谷《よみたん》、北谷《ちゃたん》、谷茶《たんちゃ》辺りの三タン地域である。そして、本土にも、京都の丹波、丹後、但馬《たじま》の三タン地域があった。この二カ所の「タン州」に気づいたのは、かれこれ十数年も前、古代丹波王朝を訪ねたときのこと。友人の田中康博氏に案内された古代大丹波の旅は、浦島伝説や徐福伝説、小浜の八百比丘尼《はっぴゃくびくに》伝説などいろいろあるうえ、三つ巴紋の象徴が其処此処の小ぶりな神社に掲げられているのを見て歩くうち、ふと、古代倭及奴と丹波王朝とが交易で結ばれていたのではなかったかと、閃いた。しかも、古代大丹波を治めていたのが川上一族で、邪馬台国の女王卑弥呼も、川上一族の娘だったという。

卑弥呼は実在した百襲姫だった

倭国大乱の起きたそのころ、ヒミコは奈良で生まれていた。七歳で両親が殺され、八歳までは淡路島にいたが、そこから讃岐に渡って、十二歳までは水主に匿われ育てられた。そのヒミコの歴史を伝える水主神社が、今も香川県にある。

讃岐は、「山奴ク」が「サ奴キ」になったもので、倭及奴の海人が交易していたことが考えられた。即ち、ヒミコと倭及奴との接点が、讃岐にはあったということである。

ついでだが、沖縄本島本部半島の「今帰仁《なきじん》」の地名も、「奴クジン」が訛ったものと思われる。ただ、その「ジン」が、神、山、陣のいずれなのか？ そのまま仁が正解なのかは分からない。

二〇一三年、『卑弥呼コード 龍宮神黙示録』の小説部分に、私は、ヒミコの生涯を、思い浮かぶままに書いた。たたき台でいい、幻の卑弥呼を描いておかねばとの焦りからだった。そのとき、ヒミコを描き出す手がかりになったのが、水主神社に伝わる百襲姫伝説であった。そのお陰で、奈良の箸墓古墳に眠る倭迹迹日百襲姫《やまとととひももそひめ》がヒミコであると確信できた。水主神社の祭神に倭迹迹日稚姫とあるのは、八歳から十二歳までのヒミコであった。しかし、どういうわけか、その後の彼女の消息は途絶えたままだった。そこで考えられるのは、倭及奴の海人と一緒に、沖縄に来ていたということである。沖縄本島辺戸《へど》岬の西北の海に浮かぶ伊平屋《いへや》島には、彼女が来たことを示す伝説があった。ヒミコは、その伊平屋島から山原《やんばる》の海沿いに、倭及奴の中心読谷村大湾《よみたんそんうふわん》に着いたと、私は書いた。勿論、伊平屋島のクマヤ洞窟に語り継がれている伝説と、特に読谷山の大湾には、強い龍宮神信仰のパワーを感じたからである。

読谷《よみたん》は「邑《ゆう》タン」のクニで、昔は、読谷山《ゆんたんざん》とも呼ばれていた。

ヒミコが来た頃は、徐福渡来から四百年。三神山の拠点化も進んで、賑わいを見せていた頃である。また、読谷が読谷山と呼ばれるようになったのも、徐福によるものと思われた。その「邑タン山」が信仰の拠点になり、隣の北谷《ちゃたん》が商業地として栄えていたようである。そのことは、読谷村や北谷町内から遺跡が多数発見されているので、確かめたい。

では、中国の歴史書に書かれた澶州が、本当に読谷山や北谷を指すタン州であったのかどうか、資料の続きで見たい。

前二一〇年の秦王政の『史記』では、徐福は七年後に再び始皇帝の前に現れ、嘘の報告をし、再度の支援を願い出ていたようすである。しかし、この記述は何を意味しているのだろうか？　思うに徐福は、既に、読谷山と丹波との交易ルートを、確保していたようすである。その上で、本土各地との交易を拡大しようとしているようであった。しかし、博士によって始皇帝との交渉は邪魔されてしまった。やむなく、失念した始皇帝に見切りをつけた徐福は、自らの財力で、残っていた同胞と一緒に、本土各地を目指したことになる。また、そうでなければ、本土における徐福渡来伝説の説明がつかない。また、そのときの徐福の財力だが、広大な北谷の海で採れるタカラガイと、残波岬の薬草に加え、ジュゴンの炙り肉が、中国で高く売れていたことが考えられる。そして、実際に、徐福が成功していたようすを伺わせるのが、前二一九年の記事であった。

「徐福の記事については、『史記』に遅れること約二〇〇年で編集された『漢書』の「郊祀志」には、『この三神山は、渤海にあると伝えている。人（里）を去ること遠からず（去人不遠）、かつて、至った者があり、諸仙人と不死の薬はみなここにある（以下省略）」と伝えている、と記されている。『括地志』（唐太宗の六四二年に編集された地理書）には、『亶州は、東海中にあり、秦始皇帝が徐福をして、童男女を海に入らしめ、仙人を求めさす。この州にとどまり、数万家となり、ともとし、今州上の人会稽に交易する（下略）……』と記されている。史記の二八年紀では、三神山はどこにあるのかよく判らないとしか言いようがない」

（『佐賀・徐福国際シンポジウム2015』）

と、菅谷氏は、述べている。

確かに、亶州が、沖縄と本土の二カ所にあることを知らなければ、この記述を理解するのは難しい。しかし、有難いことに、『括地志』の記事で、「徐福が亶州ににとどまり、数万家となり、会稽に交易する」云々は、後に、ヒミコが読谷山に着いた頃の賑わいを見るようであった。

また、『漢書』に「三神山は、渤海にある」とあるのは、徐福が再び東海を目指したその先が、南西諸島ではなく、九州辺りだったことを示している。徐福は、これでもって民族の夢を果たしたことになるが、その痕跡が佐賀や京都や和歌山などの各地に、謎の徐福伝説となって伝わったことになる。

しかし、だとすれば、徐福を中国人視したままでいいのか？　ということである。

第一に、徐福渡来には、言葉の問題があったはずである。

遠くイスラエルからきた徐州の福さんたちの言葉は、中国語ではなく、それは、古代ユダヤヘブル語のようなもの、例えば、ウチナーグチのようなものではなかったか？

つまり、福さんの案内で渡来してきた徐州人は、漢人のような中国人ではなく、元々、ヘブル語を話すユダヤ十支族の中の奴人であり、その奴人に行動を任せてついてきた、委奴人であったことが考えられる。そこで、奴人とは別支族の委奴人とも倭奴人とも呼ばれる人たちの多くが、本土に渡ったことになるが、しかし、本土の何処にも中国語の痕跡を残していないということは、もともと彼らの言語が、現在使われている中国語ではなかったということではないのか。また、読谷に上陸したときの徐福の言葉も、昔からの奴人語であったと思われ、既に本土に住んでいた奴人も同様で、徐福とともに委奴人《いな》や倭奴人《わな》が上陸したからといって、会話ができないわけではなかったということである。

ならば、現在の中国語は、どのようにして生まれたのか。

おそらく、それは、表意文字の誕生によって漢字中心の言葉が話されるうちに、言語として発達したのではないか？ということである。つまり、古代の中国では、奴人もユダヤ人も、ウチナーグチのような言葉を使っていたが、漢字が生まれたことによって、北京語や広東語やその他様々な言語が生まれ、混在するようになったと思われるのである。これは、とんでもない仮説のようであるが、しかし、否定もできない。

ウチナーグチは、今でも、古代ヘブル語のように、アイウの三母音を使う癖を残している。でもそれは、ウチナーグチがヘブル語を真似たというより、逆もまた考えられるということであった。

そこで、徐福が来た頃の言葉も基本は同じで、徐福と共に渡来した人々の言葉も、およそ、奴人語と共通したものであったと思われる。そこで、その委奴人や倭奴人が、九州北部で活躍したことを示すように発見されたのが、「漢委奴国王印」の金印のような気がするのである。

第四章　女王国の領域

漢委奴国王印

そもそも委奴国《いなこく》とは、奴に委せた国と読める字であった。とすると、博多湾の志賀島で見つかった「漢委奴国王印」の金印は、誰のための贈り物だったのか？　それは、奴人に委せた意味の委奴国王であり、倭奴国王でもあった人、そして当然、南西諸島の倭及奴の王でもあった人ということになる。とすると、そのような王に該当するのは、やはり、ヒミコしかいない。

ところで、志賀島から金印が出たという謎だが、北九州のその辺りが徐福渡来以降、最も栄えていた地域で、地名も委奴コクと呼ばれていたこと。外交通商の全てを管理する役所が置かれていたこと。金印はその役所で盗まれたうえ、夜中に何らかの事件が起き、志賀島で紛失したと想像されることである。

ここ掘れワンワン

委奴は、「イド」とも「イト」とも、「イヌ」とも「イン」とも読め、また、「イナ」とも読める字である。とすると、これらの言葉から様々な日本語が生じたことが考えられる。

例えば、イドは井戸、イトは糸、イヌは犬、というぐあいに。また、イナは、稲荷や稲妻のように、稲作に関する言葉になったと思われる。

そこで、その委奴国をどう読むかであるが、中国の歴史書『前漢書』には、朝鮮の「楽浪郡の海中に、倭人がいる。分かれて百余国となる。一年のおりおりに漢に使者をおくってきた」とある。これが、倭人についての一番古い時期の史料で、ついで『後漢書』には、「倭は、韓の東南海上にある。山島によって住んでいる。およそ百余国ある。漢の武帝が朝鮮をほろぼしてから、使者をおくってくるのは、三十ばかりの国だ」とあり、「ついで建武中元二（五七）年、倭奴国が、貢をもってきた。使者は自分を太夫だといった。倭国は南の端である。光武帝は、印綬を賜わった」（『日本の歴史 1』家永三郎編、ほるぷ出版、一九八七年）とある。

つまり『前漢書』にある倭国は百余国で、楽浪郡の海中にある、と書いているので、本土を指しているようである。また、『後漢書』にある倭国の百余国は、韓の東南海上にあるので、おもに、北部九州から五島列島、そして、島原、熊本あたりを指しているように思われる。そして、建武のときの倭国は、倭奴国であると言い、南の端から来た使者が太夫を名乗ったとのことからして、沖縄本島中部の読谷山から来た可能性が高い。

「太夫」は、ウチナーグチでは「ウフウ」である。「太夫」の「太」は「犬」と同様、「大」に点を付し、ジュゴン信仰を表わしている。また、「太夫」は、皇太子の「太」のように、封建制度の特別な位階を表わしているようであり、「私は、神父です」とか「牧師です」というように、「倭奴は太夫です」と、自己紹介しているように見える。

前述したように、殷王朝の殷も、ジュゴン信仰の犬も、同じ「イン」であり、宗教的意味を含む「クニ名」であった。そして、その音の流れで言えば、委奴国の委奴は「イン」で、倭奴国の倭奴は「ワン」とも読める。即ち、委奴も倭奴も奴人と行動を共にしてきた、ジュゴン信仰のユダヤ支族を表わしているように解釈できる。ということは、もしかして、日本人が犬の吠える声を「ワン」と決めつけているのは、実は、それが、日本人のルーツを伝えるための重要な話だったかもしれないということになる。もう少し、「ここ掘れワンワン」のお伽話にも耳を傾け、意味を掘り下げるべきだったと思う。つまり、委奴や倭奴は、徐福渡来当時「いん」や「わん」で呼ばれていた可能性があるということである。

犬をめぐる論争

しかし、この前漢後漢の記録に対しても、江戸時代の学者間で論争が起きていたという。松下見林は、「倭奴国は日本の昔の名」とし、本居宣長は、「およそ百余国の中の一つで、九州の南の一小国である」とした。そして、この論争の最中に、金印が発見され、知らせを受けた京都の藤井貞幹が、「委奴国はイトと読み、福岡怡土郡の地である」としたために、本居宣長も、「九州小国説」に自信をもったというのである。

ところが、委奴国が伊都国だとすると、福岡の糸島半島にあたり、それは、倭国の「北の端」ではあっても、「南の端」とはいえない。そこで、明治の歴史家三宅米吉は、「委奴国」とは「倭人の奴国」のことで、「奴国」とは、博多湾沿岸で、『古事記』や『日本書紀』に、儺県、那津と書かれている那珂郡で、「南の端」というのは『後漢書』の間違いとした。そして、『後漢書』より先に出来ていた『魏志』の倭人の条に奴国が二カ所あって、一つは伊都国の東南にある奴国で、一つは、「女王の境界のつきる所」にある奴国であるとした。『後漢書』は、この南方の奴国が光武帝から金印をもらった国だと思って「南の端」と書いてしまった。だから、「漢委奴国王」は、「漢の委の奴国王」と読むのが正しいとしたという。

しかしまた、この説に疑問を持つ人がいた。漢の印章制度によれば「漢の委の奴国」と読むのは間違いで「漢の委奴国」と続けて読むべきであるとし、これがまた、「ヤマト国」と読む人と、「イト国」と読む人に分かれていたという（以上、『日本の歴史 1』より）。

そんなぐあいで、未だに「委奴国」の読み方さえ分かっていない。しかし、その謎は、南西諸島に始まった長い奴人の歴史が頭になければ、当然、解けるはずがない。結局、江戸時代の学者たちの論争は井の中の蛙の大合唱で終わってしまったが、もし、その時代に、「イン」がここほれ「ワンワン」と鳴く意味が分かっていたなら、あるいは、もっと早くに歴史問題は解決し、明治国家のような変な国は誕生させずにすんだかもしれない。

歴史を語る沖縄の地名

では、徐福が渡来し、秦王朝も滅んだそのあと、漢との交流を示す痕跡が南西諸島にあるか？ といえば、それがあった。沖縄本島北部の宜野座村に漢那《かんな》=漢奴があり、人名にも漢那姓がある。

では、その後の魏の時代はどうかというと、宜野座《ぎのざ》は魏奴座、宜野湾《ぎのわん》は魏奴湾、宜名真《ぎなま》は魏奴真のように変換すると、魏との関わりを示す地名人名が、意外に多いことが分かる。また、ジュゴンの加護を願った邑魏に与儀《よぎ》がある。また、魏から来た人たちが住んだと思われる越来《ごえく》の地名人名が本島中部にある。越来はギークであり、魏来の意味に読めるということである。他に、護得久の当て字もある。

ということは、春秋時代から秦にかけて迫害されていた奴人たちのサン・ジュゴン信仰は、その後、漢や魏の時代には、交易を復活させていたことが分かる。また、奴人のそのような外交努力があったからこそ、『後漢書』にも、「倭奴国が貢をもってきた。使者は自分を太夫だといった。倭国の南の端である。光武帝は、印綬を賜わった」(建武中元二(五七)年、『日本の歴史 1』)と書かれたことになる。

即ち、この一文を解釈すると、「倭国の南の端の倭奴国＝倭及奴国から、貢物をもってご挨拶に参りました。自分はジュゴンを信仰しているウフウです」と読める。そして、太夫から、信仰と平和の大切さを必死に訴えているようすが伺えるのである。そこで、その訴えを受けた光武帝は金印を作るよう命じ、「漢委奴国王印」を倭奴国の王への贈り物として授けたことになる。

そして、やはりこれまでの流れで見逃せないのは、ウチナーンチュが、自己紹介をする際に、「わん」とか「わぬ」と表現することである。それは、歴史を考える上で極めて重要に思われ、特に、平安座島人の感嘆詞が南西諸島の中で唯一、「わの〜や〜い」＝「倭奴〜や〜い」、と大げさであることが、倭国との関係を知るキーワードのような気がしてならない。

邪馬台国への道

魏の使者が倭国を訪ねたとき、ヒミコの後を追って旅した記録が、いわゆる邪馬台国に至る道程であった。しかし、邪馬台国の当て字は、『後漢書』『梁書』『随書』などの記した「邪馬臺国」を、『魏志倭人伝』が間違ったとの説が多く、「ヤマトコク」と読むのが正しいようである。そこで、当て字の意味から推察して、「山土国」と書くべきではないか?ということである。

ところが、その「山土国」が、何処かが分からない。

魏志には、「奴国が二カ所あって、一つは伊都国の東南にある奴国で、一つは、女王の境界のつきる所」とあった。それは、その通りで、奴国が九州と南西諸島にあったということである。また、倭国を治める重要な役所として、一大卒をあげているが、それは、現在の壱岐島に設置した役所を指している。壱岐はウチナーグチでは「イチ」で、逆に「一」から来た地名が、壱岐ということになる。「大」は「ウフ」でサン・ジュゴンを表わし、龍宮神の加護によって、外交通商を「統率」する一番の役所、それが、一大率の意味であった。ひょっとして、徐福が本土を目指した最初の寄港地が壱岐島だったかもしれない。それが後代に継がれ、重要拠点になったと考えられる。壱岐には神社が一〇〇〇社余りあることから考えると、やはり、重要拠点であったことは間違いない。

古代奴国の風

そう言えば、一度、福岡の前原地区教職員組合に呼ばれ、講演したことがあった。そのとき、被差別部落の子供達が多いのに驚いたが、大和政権にとって都合の悪いジュゴン信仰が、この地にもあったかと思うと、胸が痛かった。その晩、加布里湾の岸辺にある大きな温泉旅館に泊まったが、客は一人だった。鏡のような日本海に大きな月が上り、幻想的な風景が松林の向こうに見えた。しかし、古代を偲ぶのは悲しく寂しい。聞くと、天皇陛下もお泊まりになった旅館だという。また、博多湾を望む筥崎宮を訪ねたこともあった。そこも、ヒミコの活躍した往時を忍ばせる神社であった。掲げられた「敵国降伏」の大きな扁額が、ジュゴン信仰によって、敵が、戦うことなく降伏した歴史を語っていた。ところが明治以降、この「敵国降伏」の意味が真逆に解釈され、様子が一変する。大日本帝国によって、筥崎宮は武力信仰の社となり、侵略戦争の加護祈願に利用されるようになったという。

「敵国降伏」を見上げていると、どこかで、「ひゅうひゅう」と、ヒミコの呪いが風に聞こえた。

また、宗像市にある奴山古墳群や、女人禁制の沖ノ島も、ヒミコによる世直しがあったことを示す、重要な史跡であった。

沖ノ島からは、祭祀用のマガタマが見つかったという。

ところが、宗像市は、その歴史を閉ざし、神秘をよそおい、宗像族伝統の祭りを世界遺産に登録させてしまった。この世に神秘などあるわけないのに、どうするつもりか。

沖の島のマガタマ

宗像大社が祀っているのは、アマテラスとスサノオが誓約した際に、スサノオの剣から生まれたとされる三女神であった。玄界灘の沖ノ島にはタキリヒメ。大島にイチキシマヒメ。そして、玄海町田島の宮にはタキツヒメと、それぞれに祀っている。随分手の込んだ祀り方だと思うが、そこまでしないと不安ということなのか？

アマテラスは、「あまたを照らす」ヒミコの形容詞で、また、天日子の意味であった。スサノオとは「洲砂の男」の意味で、砂鉄を原料にたたらを行う男たちのことである。つまり、ヒミコと製鉄業者との間に「世直し」の誓約が交わされたその際に、ヒミコから托された三つ巴紋の象徴と三個のマガタマを携え、洲砂男たちが玄界灘の島々や、遠く、新羅《しらぎ》や耽羅《たんら》まで龍宮神信仰を広めていったというのが、スサノオの剣から三女神が生まれた話の内容であった。しかも、その歴史を証明するように存在するのが、かつて耽羅と呼ばれた韓国済州島の創世神話であった。耽羅は、碧浪国《へきろうこく》から小舟に乗ってきた三女神の漂着から、歴史が始まったというのである。そして、三世紀の新羅王にもジュゴン信仰は伝えられていた。以来、マガタマや三つ巴紋や二つ巴紋などが韓国文化の中にしっかりと生きづき、人々から大切にされてきた。例えば、韓国国旗の二つ巴紋や、大韓航空の二つ巴紋、電車の各駅を示す流線形の三つ巴紋などである。これら韓国の巴紋が、国家の平和と交通安全のために、ジュゴン信仰に由来したものであることは間違いない。

ところで、あのときの前原の子供達は、元気だろうか？　あの日、歴史を誤魔化した国家権力との闘いがこの国にはある。そして、その迫害から逃れて琉球王国はできたと伝えたかったが、話せなかった。また、琉球王国は、被差別部落民がつくった平和国家だったとも話したかったが、とても無理だった。今なら話せるかもしれないが……。

やはりあった九州の奴国

それにしても、奴人は、一体いつ頃から、九州に定住するようになったのか。徐福渡来とともに本土移住が本格化したことは、間違いないが、それ以前にも、すでに九州を拠点とした奴国があったような気がする。もしそうだとすると、春秋時代に戦乱を逃れた人々が、南西諸島を経由して、本土へ移住していたことになる。何れにせよ、魏志のいう奴国は委奴国の東南だという。すると、熊本から宮崎の方向に奴国があったことになる。でもその奴国は、徐福渡来より以前の旧い奴国だったということか？

それじゃと思い、南西諸島の奴国と同様に地名を読み直すと、確かに宮崎は奴崎とも読めるし、都城《みやこのじょう》は奴ク城と読める。ということは、その辺りは、古くからの奴国ではなかったか？

都城の言葉は鹿児島弁とそう変わらない。ウチナーグチと共通したイントネーションと語彙を持っている。しかしそれなら、鹿児島の方が、最も近い奴国だったのではないのか？

都城を訪ね、言葉の近さに驚いたが、やはり、以前は薩摩藩の範疇だったという。もし都城が、九州奴国の一拠点であったとするなら、南西諸島との交流も遡って考えなければならない。

たとえば、久高島のような、水も耕作地もない島の奴人からすると、都城盆地は天国にも等しい、豊かなクニであったに違いない。

美しい田園風景を眺めていると、五穀を持ち帰ったであろう海人たちの姿が浮かんで見える。ひょっとすると、久高島の三千年前の貝塚遺跡は、その歴史を伝えているのかもしれない。しかしそれは、徐福以前の話ということになる。

それに、宮崎が奴崎なら長崎もまた奴ヶ崎であった。また、鹿児島県開聞岳の東に小さく突き出た岬も、長崎鼻であった。しかも、地図を見ると、長崎や長崎鼻と名のつくところが、九州以外にも、あちらこちらにある。驚いたことに、名護市辺野古地先の先端も、長崎であり、その先に浮かぶ小さな長島も、奴ヶ島である。これは一体何を意味しているのか？　ということは、もしかすると「長」や「中」の字が「奴国」を表わす字であることを、改めて考えなければならないということになる。他にも、「名」や「宮」のつく地名も、同様に考えなければならないということか。しかし、そうなると、奴人の活躍した奴国の範囲は、九州だけでなく、さらに広げて考えなければならない。例えば、宮城県の宮城や、岩手県の宮古のように、奴人の足跡が東北にまで広がっていたのではなかったか？

第二部　「琉球文明」の覚醒

第五章　ヒャー神の世界

ヒャーの島

邪馬台国の女王卑弥呼は沖縄にいた。そう話すと、たいていの学者や友人でさえ、怪訝そうな顔をした。無理もない。邪馬台国も卑弥呼も、魏志による当て字だということが理解できなければ、刷り込まれた漢字の呪縛を解き放すのは難しい。とにかく卑弥呼はヒミコとして話を進め、歴史の闇を照らす努力をするしかなかった。

奈良に生まれたヒミコであったが、七歳で両親を失い、八歳で淡路島から讃岐に渡って、十二歳までは水主に匿われていた。そこまでは、讃岐の水主《みずし》神社に伝わる「大水主大明神和讃《おおみずしだいみょうじんわさん》」で分かった。しかし、その後の彼女の消息は、沖縄に渡ったことを前提にしないと、全て、つじつまの合わないことになる。讃岐に伝わる百襲姫伝説と、奈良の箸墓古墳に眠る倭迹迹日百襲姫《やまとととひももそひめ》と、琉球王国首里城の百襲殿と龍宮神信仰とを結びつけて考えた場合、それら全てが、ヒミコに関わる歴史であったことが見えてくる。即ち、讃岐から倭及奴の海人に連れられ、沖縄に渡ったとしてもおかしくないほど、ヒミコの痕跡が沖縄には残されているのであった。

それを前提に話を進めるが、その時ヒミコは、海人の船で讃岐を発ち、宮崎の鵜戸の岩宿に立ち寄ったあと、そこから、沖縄本島へと向かったようである。道の島々を伝い、与論島を過ぎると、目的の伊平屋《いへや》島は辺戸《へど》岬の右手に見える。しかし、船旅は天候に左右されやすい、途中で暮れることもあった。そこで、倭及奴の海人たちは、辺戸岬を見下ろす黒いカルスト台地の断崖に二つの洞穴を掘り開け、中で火を焚き、沖の船から島の方向が判るようにしていた。言わば、古代の灯台であったが、今でも、それが残っている。夜になって火が灯され、金色に輝いたと言われる洞穴は黄金洞穴と呼ばれ、人々は、今でも黒い岩山を見上げる森全体を黄金森とか安須森御嶽《あすむいうたき》と呼んでいる。その黄金洞穴からは、眼前に与論島が見え、左手に伊平屋や伊是名《いぜな》が見える。

伊平屋島には、海に面した大きな岩宿があった。そこが、クマヤ洞窟と呼ばれる古代海人の常宿であったが、ヒミコが立ちよったことは、今もクマヤの伝説として語りつがれている。そこで彼女は、少なくても四度、伊平屋島に上陸したことになる。

一度めが、初めて倭及奴に来たとき。二度めが、倭及奴の女たちと世直しに向かったとき。そして、三度めが、倭国の世直しが成功したことを報告しに戻ったとき。四度めが、奈良に帰る前に、島の人たちに、別れを告げにきたときである。勿論、もっと多く、伊平屋島に渡った可能性があり、否定しない。

その伊平屋島だが、もとから神の島と呼ばれていたようである。ヒミコが立ち寄ったから、単に、そう呼ばれたわけではなかった。

島にはヤヘー岩があるように、また、伊平屋をイヒャとかイヒャーと言うように、どうやらこの島には、ヤハウェ信仰の原形とも言える「ヒャー神」の存在が、認識されていたらしいのである。「イ」が、一番の意味なら、伊平屋島は、さしずめ、一番のヒャー神の島ということかもしれない。

伊平屋のイヒャから転訛したのが、伊波《いは》という地名や人名で、また、ヒャーから転訛したと思われるのが、比屋根《ひやね》や比屋定《ひやじょう》である。そして、私の故郷である平安座島も、オモロに「ひやむざ」とあることから、「ヒャーヌ座」がルーツのようである。「む」も「ヌ」も「ン」と発音され、それは、接続詞の「の」であり、従って、「ヒャーの座」が「ヒャーン座」になり、それに対する漢字の当て字が「平安座」になったようである。同様に、読谷村の波平も「ハンザ」と読むことから、元は「ヒャーン座」だったことがわかる。また、うるま市勝連の平安名《へんな》や、宮古島の東平安名岬《ひがしへんなざき》の平安名なども、「ヒャーンナ」、即ち、「ヒャーの奴コク」を表した地名人名であることが分かる。

また、他に、「ヒャーン」と関係していると思われる地名が、辺戸《へど》、辺土名《へんとな》、饒平名《よへな》、饒辺《よへん》、などがある。

アラ神と龍宮神

このように見ると、南西諸島の奴人たちには、元来「ヒャー」と呼ばれる宇宙神の概念があって、この世の存在は、全て、ヒャー神のあらゆる意思が具現化してあらわれた現象で、人間も、また、ヒャー神の創造によって存在していると、考えていたようである。

そのヒャー神の意志で現れる現象をアラ神と呼び、そのアラ神が恵みをもたらすときには感謝して祭り、災いとなって現れたときには、人々の心の不安や動揺を鎮めるための神獣として、ジュゴンが、この世に使わされたと考えたようである。

例えば、琉球王国の神女制度の頂点に立つ聞得大君には、王の姉妹神である女性が就くことになっていたが、そのためには、ヒャー神による認証儀礼を行わなければならなかった。その、ヒャー神が与えるアラ神の霊威を受けとる儀式を「御アラ降り」と言い、行われた場所が、斎場御嶽のサングーイと呼ばれる、聖なる三角の巨岩の空間であった。サングーイのサンとはジュゴンのこと。グーイは宮、あるいは宮居で、龍宮の宮、山宮、三宮を意味する。その聖なる龍宮の宮に夜籠りし、ヒャー神の授けるアラ神の霊威を受けるための戴冠儀礼、それを、大勢の神女が見守るなかで行なって初めて、龍宮神を守護神とする琉球王国最高位の神司、聞得大君になれるのであった。

ヒャーからヤハウェに

しかし、このヒャー神信仰は、無意識のうちにも非常に強く、信仰心の厚い人には「ヒャー」と尊敬して言う場合もあれば、逆に、信仰心が厚すぎて他人の言うことを聞かない奴には、「此ぬヒャー」と怒鳴って、叱りとばす場合が多くあった。例えば、仇討ち物で人気の組踊「義臣物語」の主人公「国吉の比屋」と、「新垣の比屋」の比屋とは、ヒャーのことであり、それは、信仰心の厚いヒャー神の子の意味であった。このように、琉球国では日常に使われていた代名詞だったが、今でも、この表現は「いえーヒャー」と人を呼ぶときに普通に使われているから面白い。

ところが、そのヒャーが古代においてユダヤ民族に伝わり、ヤハウェになったと考えられるのである。勿論、ヒャーが先か、ヤハウェが先か？と迷うこともあるが、しかし、宗教の源流が南西諸島にあったことを考えると、やはり、ヒャーが先で、ヒャーからヤヒャーになり、ヤヘーになり、それがユダヤ民族によって、ヤハウェになったと考えた方が、自然である。

ヒャー人だった隼人

人は皆ヒャーの子であり、ウチナーグチでは「人」は「チュ」であり、ヤマトでは「ト」であった。そこで九州の隼人を考えた場合に、ヒャーチュからハヤートゥになり、ハヤトに変化したことが考えられる。もしそうであるなら、やはり、古代九州にも奴国と呼ばれた地域があって、ヒャー神信仰の強い奴人が住んでいたことになる。そして、当然、ヒミコの生まれた大乱時にも、「ハヤートゥ」はいたことになる。だがしかし、そうなると、ますます分からなくなるのが、大乱の理由であった。

倭国大乱

中国の歴史書によれば、一七八〜一八三年の五年間に倭国大乱は起きていたという。徐福渡来から、およそ四〇〇年。宗教民族としての委奴《いな》人の生活も落ち着いていたはずの、そんな最中に、突然、大乱は起きていた。しかし、その理由は不明だった。

単なる宗教の乱れが原因か？　しかし、それだけで戦さが五年も続いたとは思えない。いずれにしても、敵味方入り乱れての殺し合いで、混乱を収めるリーダーもおらず、結局、倭及奴《わきな》で修行していたヒミコを呼び戻すことになったようだが、何か、腑に落ちない。

決起した女たち

倭及奴には、昔から「男は、ソーキ骨が足りない」との諺があった。だから、気が弱く、戦さをしてしまうんだと。まるで、アダムとイブの創生神話を思わせる肋骨の話だが、その気の弱い男どもへの憤慨から、どうやらウチナーの女たちが一斉に立ち上がり、ヒミコと共に、ヤマトの世直しに向かったようであった。しかも、それが嘘ではなく、実際にそのような世直しがあったことを伝える歌として、奄美には「ヨイスラ節」があり、沖縄本島には琉球古典音楽の「白鳥節」があるのであった。それは、親のいないヒミコが、船に乗ってヤマトに向かう時の情景を歌った歌だが、もしこの二つの歌が存在しなければ、おそらく世直しのイメージは、摑めなかったかもしれない。

想像すると、先ず、久高島を出発したヒミコとうないたちは、伊平屋島のクマヤ洞窟に結集し、そこから、ヤマトに向かったようである。出発の前夜、うないたちに向かってヒミコの発した言葉は、「これから、ヤマトの世直しに参ります。戦さに行くのではありません」ということ。また、「わたしは、天照日御子《あまてらすひのみこ》となって、世直しに向かいます。わたしとみなさんを守る神は、豊玉姫と玉依姫の龍宮の姉妹神です。わたしは、日の霊威と月の霊威を授かったわたしの魂と、わたしを支えてくれる豊玉姫と玉依姫のお二人の魂とを、三つ巴の象徴にして、掲げてまいります。そして、天照日御子である印として、日の丸の旗を掲げてまいります」とのことであった。

勿論、想像は想像だ。しかし、根拠がないわけではない。実際にあったと思われるので、そのように書いたまでである。伊平屋島の神女たちは、天照はクマヤで生まれたといい、また、神武もクマヤで生まれたという。それは歴史的事実だから、そう伝えてきたのだと思う。それに、ヒミコが天照大神になる儀式をあげたと思われるグスクが、これまた実際に、本島南部の南城市玉城にあるのであった。

私は姫子物語の中で、ヒミコが、初めて倭及奴に連れて来られたとき、伊平屋島から二、三日かけて、船頭の故郷読谷山大湾《ゆんたんざんうふわん》に着くようにしていた。普通なら一日で着く距離だが、何故か、漁をしながらの旅にした。それは、讃岐から持ち帰る五穀も少なかった上に、仲間が行方不明で生死も分からず、逃げ帰るような帰省だったからである。

倭国大乱は九州に発生し、すでに、中国四国近畿に広がっていた。そのことは、銅鐸などの出土状況でも分かった。しかし、奴人や委奴人や倭奴人が、何故、戦争をすることになったのか？　原因は分からないままだった。ところが二〇一五年に起きた熊本大分地震で、ふと、あることに気がついた。

一致した世直しライン

報道によると、熊本大分大地震は、日本列島を分断する中央構造線断層帯上で起きたという。もしやと思って中央構造線を見ると、それが、ヒミコの世直しラインと一致するのであった。なるほど、神武東征ラインが中央構造線断層帯と重なり、さらに、世直しラインとも重なっている。その重なりが、謎を解く鍵ではないのか？　それは、数百年サイクルで起きると言われる中央構造線上での大地震が、ヒミコの生まれた、丁度その頃にも起きていた可能性があるということであった。

もし、そのような大地震が五年も続いていたとしたら、それこそ大地が割れ、水脈が断たれ、土地争い水争いの殺し合いに発展し、滅茶苦茶になったことは容易に想像できる。加えて、一六年に起きた九州北部集中豪雨のような災害が続いたとなると、信仰心が厚ければ厚い人ほど、「神に見放された、もうこの世の終わりである」と絶望し、自暴自棄になったことも考えられる。

ところが、そんな最中、「この末法の世にも、倭及奴には龍宮神がいる。しかし、この地にはいない。はやく龍宮神をお招きして、神の怒りを鎮めなくては」と、考えた人たちがいたことになる。それが、宗教指導者「大夫」、即ち、「サンタヒコ」であった。その彼らが神の子ヒミコを思い出し、世直しを頼んだことになる。では、サンタヒコとヒミコの接点が何処にあったかというと、可能性として浮かんだのが、鵜戸の洞窟であった。それはヒミコが十二のとき、讃岐から倭及奴に向かう途中鵜戸に寄ったときのこと。そこへ、数人のサンタヒコが、神の子の噂を聴いて駆けつけていたか、あるいは、知っていたと思われるからである。そして、当然、ヒミコが倭及奴で修行していることも、海人たちの話を聞いて知っていたことになる。

そこで、ヒミコはサンタヒコの請願を受け、倭及奴を発って宮崎の鵜戸に始まる「世直し」で人々の動揺を鎮め、ついには、生まれ故郷の奈良に帰って倭国を建国したという。つまり、そのときのヒミコによる世直しのルートが、いわゆる神武東征ラインと重なるのであった。

邪馬台国の謎

しかし、ヒミコの世直しの歴史は、未だに日の目を見ていない。邪馬台国の女王卑弥呼という魏志の当て字に惑わされ、また、それをいいことに、意図的に古代史を誤魔化してきたことが、日本国家の歴史認識の過ちの根底にあった。しかし、そもそも邪馬台国は存在するか？　ということである。邪馬台国九州説や近畿説に加え、四国説まである今日に至って、邪馬台国論争は未だ解決を見ていない。確かに、邪馬台国が「ヤマトコク」の当て字だと考えると、本土の何処にでもありそうだが、実際は、本土の何処にも存在しない。では、どう解釈すればいいのか？ということになるが、おそらくこの難問は、まず、「ヤマト」とは何か？から理解しないと、解決しない。

本来のヤマトの意味からすると、ヤマトとは海辺の瀬戸に対する対語で、内陸部を山戸と呼んでいたように思うのである。

例えば、ヒミコの生まれた所は、奈良の山戸《やまと》であると言うように、各地の内陸部や山間部にヤマトを名乗る市町村名が多いのは、元々、そこが山戸であったからだと思う。しかし、それならなおのこと、日本列島は山だらけであり、邪馬台国は何処にあったか？という論争は、ほとんど意味がないことになる。

それより、何故、「大和」を「ヤマト」と読むか？　を論争してくれた方が、まだましである。

そうすれば、日本列島に最初に誕生した国は、ヒミコの治めた「大倭《うふわ》」の国であったこと。そして、その「大倭」を「大和」にすり変えたのが、のちの大和朝廷であったことが分かるようになる。つまり、日本人が何の疑いも持たずに、「大和」を「ヤマト」と呼んでいることは、ヒミコと「大倭」の歴史を隠す政府による隠蔽工作を、許していることにしかならないということである。

では、ヤマトコクに対する、邪馬台国の当て字の意味は、何か？　もしも、魏の使者が、奴人語に忠実に当てて書いていたとするならば、当然、ヒミコの治める大倭の国が、龍宮神信仰の宗教国家であったことを考慮しなければならない。即ち、ヤマトコクとは、ヒミコにとっての理想郷であったと解釈すべきだということである。とすると、理想郷が本土にあったわけではないので、それは、南西諸島の何処かを指していたことになる。

では、ヒミコの理想とするヤマトコクを表わす漢字は、何が適当かを考えた場合、それは、「山土国」と書いた方が一番正解に近いように思われる。山は、サン・ジュゴン、即ち、龍宮神信仰の拠点、土は、理想郷を表わすからである。首里城正殿に掲げられた「中山世土」の扁額の意味を考えても、邪馬台国とは「山土国」を表わしているように思うのである。

山と島の信仰

「山」という字の持つ、サン、ザン、ジュゴン、龍宮を表す意味と、三神山思想の拠点を表す意味が、いかに重要であったかは、琉球王国の、中山、南山、北山の三山体制を見ても明らかであった。しかも、古琉球の主だった島々には、それぞれ山の字が当てられ、ザンの拠点とされていた。例えば、八重山は北木山《ほっきざん》、宮古は太平山《たいへいざん》、久米島は姑米山《くみざん》、慶良間諸島は馬歯山《ばしざん》と呼ばれ、それだけジュゴンがいたことを表しているということである。

また「島」の字も、山に鳥がいる場所を示し、山と同様に島も三神仙思想憧れの南西諸島が、海に浮かぶジュゴン信仰の拠点であったことを表している。そして、島への憧れは、島唄や島言葉など、常に島の文化にこだわるウチナーンチュの心の奥深く、ジュゴンに守護されたいと願う、無意識の意識が受け継がれてきたことでも分かる。

では、琉球王国以前のヒミコの時代、山と島への人々の意識はどうであったか。山に関して言えば、その頃の龍宮神信仰の中心は、読谷山と平安山であったようである。読谷山は読谷座とも呼ばれ、平安山は平安座とも呼ばれていた。それに、平安座島は山座島とも呼ばれ、ウスデークで「さんざ」を歌い踊るほどの龍宮神信仰の濃い島である。その山座の座は、土と坐すが重ねられた字で、それを見ると、座は、どっしりと構えたザン信仰の拠点に見える。

山土国は、どこだ？

では、ヒミコの目指した山土国は、どこだったのか？　読谷山か、平安山かであるが、それは、読谷山ではなかったようである。何故なら、ヒミコが倭国の女王になる前から、倭と縁を切っていた読谷山北谷王が及奴国《くなこく》を支配していたため、山土国とするわけにはいかなかったからだ。即ち、ジュゴンの肉を交易品にしてクニを豊かにし、感謝を込め龍宮神を祀るべしとする及奴国王に対し、あくまでも、ジュゴンを純粋に神と祀る倭国の女王として、ヒミコは反対の立場にいなければならなかったからである。

平安座島は卑弥呼の島

そのような悩みを抱え、山土国を目指すヒミコであったが、それが、平安座島《へんざ》であったかどうかは分からない。ただ、平安座がヒヤーザやヒヤンザと読めることと、魏志による卑弥呼の当て字が、ヒジアと読めるところが、妙に引っかかる。

もしも、ヒジアがヒジャと同じ意味なら、卑弥呼は、日子を表わしていることになり、平安座島は日子島ということにもなる。それは、ヒミコが、平安座島を理想郷の拠点に見ていた可能性が高いということだが、果たしてどうか？

確かに、その頃の平安座島は、比類のない豊かさだったと想像する。しかも、島には「ゆさんじがー」と呼ばれる有名な湧水がある。島人が「うぶがー」と大切にする湧泉の名の由来であるが、それは、京都丹後半島の与謝《よさ》と同じ意味で、川上一族の言う、清い泉や川の水を表わす「よさ」から来たことが考えられる。即ち、「ゆさんじがー」とは、「よさ出でる川」の意味であり、このような名のつく湧泉があるのは、平安座島だけである。そして、もう一つ、ヒミコの経済政策に必要な、ゴホウラ貝の調達があったということである。そのことを思い、平安座島の広大な干潟と、金武湾を取り巻く島々の珊瑚礁の海を見ていると、当時の情景が浮かんで見える。この海が、ゴホウラ貝や宝貝の産地であったことは、間違いない。

日子のあしあと

では、平安座島が日子島なら、やはり、日子の読み方から、理解すべきであろう。その上で、何故、日子が卑弥呼なのかを考えたい。しかし、この日子の読み方ほど、雑多で説明しにくいものはないのであった。

まず、日は、あくまで日であること。古代は、太陽ではなく、日がメインであったこと。煩わしいが、太陽と月ではなく、日と月で、しばらく太陽を忘れないといけない。

沖縄では、日を、照り輝くイメージから、ティラとかティラーと呼び、それが訛って、ティダとかティーダ、または、ティーラとも呼んでいる。

沖縄に照屋《てるや》や平良《たいら》の地名や人名が多いのは、そのティリャーにあやかったものということになるが……。

しかし、本土では、日はヒであるのに、なぜ、沖縄だけが変わっているのか？　もしかすると、それは、アマテラスのティラの名残り、即ち、天日子《あまてらす》の名残りかもしれないということである。

京都丹波あたりには、アマテル神の話もあると聞くが、沖縄でも、海辺の洞窟をテラとも言うのであった。また、洞窟のテラが、後に寺に変わったという説もある。整理すると、ヒミコは、あまたを照らす日の御子であり、照り輝いたイメージであること。それと、玉グスクのゴホウラの岩門や、伊平屋島のクマヤ洞窟で、神武の力を持った「天日子」が誕生したイメージなどが重なり、日子の日をティラと言い、また、洞窟もティラと言うようになったのではないか？　ということである。そして、その流れから、オモロを歌うときにも「日子」を「てぃらこ」、または、「てだこ」と歌うようになったのではないか？　ということである。

次に、日子の「子」をどう読むか？であるが、「子」は、男女を問はず、親しみを込めた敬称や愛称に使われ、古くから用いられている字である。しかし、「子」は、シともスともジャともファとも読めるので、ややこしい。つまり、日子は、ヒジャとも読めることから、卑弥呼が日子であっても、おかしくはない。つまり、平安座の島名がヒヤージャで、卑弥呼がヒジアで、日子がヒジャであってもおかしくはないという話である。

また、日子は、テルコともテルシとも読める。例えば、伊平屋島は「てるしの島」とも呼ばれるが、この「てるし」は、天日子《あまてらす》の日子の意味にも読める。即ち、天照大神は、天日子大神とも解釈できるので、「アマテラスはクマヤ洞窟で生まれた」という伝説との整合性を考えると、「てるしのの島」は「日子野の島」と理解した方が、いいように思う。

大分県宇佐には、百襲姫に因んだ姫野があり、また、福岡県糸島郡の姫島も、高知県宿毛湾の姫島も、鳥取県阿武町沖の姫島も、大分県東国東郡の姫島も、姫を記憶した島名ではあるが、唯一、沖縄県伊平屋島で語られる「日子野」だけが、アマテラスの歴史を解き明かす島名であり、大事にすべきだと思うのである。

系図にあった日女命

では、ヒミコの正式名称は、何だったのか？　色々と調べるうちに、やっと見つかったのが、『古代海部氏の系図』（金久与市著）の中に記されている系図であった。付録二の海部氏本記＝丹波国造本記の八世孫に、日本得魂命《やまとえたまのみこと》の名があり、九世孫に意富那毘命《おおなびのみこと》、即ち、弟彦命《おとひこのみこと》があり、弟の横に、こっそりと、日女命は記されていた。

この日女命が、実存したヒミコであることは間違いない。

日女命を、ウチナーグチで早口に言えば、「ヒミコ」にもなる。

もしかして、それを魏の使者が聞き違え、日女命が卑弥呼になった可能性もないことはない。とにかくその日女命を、弟彦大波命の横に目立たぬように添えているということは、やはり、大和朝廷の目を恐れたのであろうか。

ともあれ、ヒミコには弟がいた。それを海部氏の系図で確認できた。百襲姫伝説では弟は登場しなかったが、魏志には、弟がいたとあった。それは、父の故郷丹波には腹違いの弟がいたが、讃岐では知られていなかったということかもしれない。

百襲姫伝説

私は、ヒミコの生い立ちを書く前に、日子、卑弥呼、日女命、日巫女、日御子、百襲姫と色々ある中で、どの名がふさわしいかと悩んだ。結局、卑弥呼以外はどれも正しいように思われたが、しかし、どれも百襲姫になってからの呼称であった。

娘の頃に、なんと呼ばれていたかが分からない。なのに、讃岐には、百襲姫伝説が残っていた。もしかすると、ヒミコが生まれたときから、百襲姫となって帰ってくるまでの話が、元々讃岐にはあったが、それを、のちの大和朝廷と空海が真言密教風に改竄し、娘の名を伏せたのかもしれない。その可能性は大きい。

百襲姫を、主祭神にしている神社は、高松市の田村神社、船山神社、そして、香川県大内町の水主神社であった。特に、水主神社には十二歳までの卑弥呼が密かに祀られているとのことで、沖縄県うるま市の郷里の先輩名護博先生に案内され、また、大阪府高槻市本澄寺の三好龍考さんと一緒に、訪ねたこともあった。
その百襲姫の伝説は、一四一〇年に成立した水主神社に伝わる大水主大明神和讃の中の、ごく一部で語られたものであったが、水の主である大明神とは、ジュゴンのことであり、また、日と月の力を兼ね備えたヒミコのことをもさしていることが、分かった。

（前略）
その名を申せば孝霊の　第二の姫君たりしかど
（中略）
大和の黒田の廬戸より　出させ給ひし御年は
七歳なりしに稚なく　独り御舟に奉り
虚の空ゆく浪の上　悶れ給うぞ痛ましき
御時八歳なりしとき　浦に寄りしや船越の
下りて休らう安堵の浦
御腰を掛けて居座の宮
（後略）

いきなり、存在しない孝霊天皇の名を語り、百襲姫を第二の姫君などと嘘もいいところだが、このような作り話を押しつけられてきた龍宮神迫害の歴史を思うと、いたたまれない。

第六章　姫子《ひめこ》（卑弥呼）物語の検証

神がかりの娘

私は、前著『卑弥呼コード　龍宮神黙示録』で娘をとりあえず姫子として物語を書いた。姫子は、倭及奴《わきな》語風に呼んでもヒミコであった。また、姫子の父を川上清《かわかみのすが》としたのは、直感からであった。しかし、後にも先にも川上とするしかなかったようだ。何故なら、当時の丹波王国を治めていたのが、川上一族だったからである。また、母親を淡路島出身にしたのも閃きであった。淡路島も、古代史の謎を秘めた重要な島であった。

しかし、海部氏系図では、父親を「日本得魂命」と、たいそう重んじて載せているのに、母親の名はなかった。でもそれは、当時の川上一族の婚姻の慣習と理解する他はなかった。

そこで、私の描いた姫子の生涯は、概ね、次のようにあったが、後々、邪馬台国の女王卑弥呼を描く時のために、記すことにした。

＊一七八年……九州で大乱が始まった年、姫子は奈良に生まれた。
＊一八三年……大乱が本州に拡大し、姫子が神憑りするようになる。

姫子は、両親に可愛いがられ、一度だけ、親子三人で大丹波の旅をしていた。そのとき、父から龍宮神の話を聞き、大丹波が豊かなのは、倭及奴から龍宮神をお招きし、護っていただいているお陰だと知る。

＊一八五年……姫子七歳。夜中に突然、一家が野盗に襲われ、両親とも殺されてしまう。

母は刀傷を負ったが、姫子の手を引いて逃げ、葦原道を走り続けた。淀川の岸についたのは、もう明け方近く。通りかかったウツボ船に助けられるが、向かった先は母の故郷淡路島であった。しかし、途中、母は、「倭及奴へ……」と言い残して亡くなる。母から仔細を聞いていた船頭が、淡路島の親戚に娘をとどけ、八歳まではそこで育てられた。ところが、娘の神憑りは益々ひどくなり、倭及奴へ連れて行ってくれと泣き叫ぶばかりであった。

＊一八六年……姫子、八歳。讃岐に渡る。

丁度その頃、讃岐にいた倭及奴の船頭が娘の噂を聞いて淡路島へ迎えに行く。船頭は、読谷山大《ゆんたんざんうふ》湾《わん》の亀と呼ばれ、このあと生涯かけて姫子を守ることになる。それは、姫子の口から「夕べ、夢の中に父が現れ、亀さんには、倭及奴で大変お世話になりました、と申しておりました。父は、川上の清と申します。どうぞよろしくお願いしますとのことでした」と聞いたからであった。

亀は清のことをよく覚えていた。大湾でとったジュゴンを妻が炙り肉にし、それを、お土産に持たせたことを覚えている。もしかして、あの時の炙り肉が祟って、大乱になったのではないかと気にしていたところへ、神の子と噂される姫子が現れた。しかし亀は、なかなか倭及奴へ帰れなかった。戦さの異様な臭いが迫る中、乗組員に行方不明者が出たからだ。それに、倭及奴へ持ち帰る五穀も調達できないでいた。

伊平屋島での洗礼

＊一九〇年……姫子、十二歳。倭及奴へ渡る。

秋、姫子を乗せた船は讃岐を出て、日向の鵜戸に着いた。岩宿でしばらく休んだ後、そこから、念願の倭及奴へと向かう。桜島、開聞岳を遠くに見て、種子島、屋久島、トカラの島々、喜界島、奄美大島、加計呂麻島、徳之島、沖永良部島、与論島と、途中立ち寄りながら道の島々を過ぎると、沖縄本島辺戸岬の右手に、伊平屋島は見えた。

空に、鳥が群れていた。

もう、日暮れ……。

姫子は、立ち上がって、潮風を受けた。

初めて見る、倭及奴の海。

龍宮神はどこだろうと、波間を見た。

伊平屋島に、大きな岩宿があった。

しばらく休んで外に出ると、水平線から満月が上っていた。

奈良や讃岐では見たことのない、大きな月だった。

砂浜に、黒い無数の蟹が現れ、月明かりの渚で産卵していた。

亀が、月と潮と生命の関係を教えてくれた。

姫子は、こうこうと煌めく夜の海を見つめ、そのまま、日の出を待つことにした。

やがて、東の空が明るくなり、水平線から、驚くほど大きな真っ赤な日が生まれてきた。そして、あたたかく強い光が姫子を照らした。

そばで、亀が言った。

「お日様は、毎朝、すで変わって生まれます。そのすで変わる力によって、倭及奴の人は毎日生まれ代わり、新しく生きることができるのです。例えば、蟹や海老や蛇や、あるいは、ニワトリの卵や、また、さなぎから蝶々が生まれるようにです」

と、教えてくれた。

それは、倭及奴で生きるための、大切な心構えであった。

ウチナーンチュが、「すでかほう」と言って、孵《す》でることを大切にする精神文化は、はるか古代から受けついできたものであった。それが、南西諸島における太陽信仰の本来の意味であり、この「すで変わり、脱皮して罪けがれをなくし、日々、清らに生まれかわる」という手軽さが、他の宗教を必要としない強い心を育んでいた。また、それが倭及奴の倭及奴たるゆえんでもあった。

大に守られた島々

姫子は、月と日の洗礼を伊平屋島で受けたあと、二、三日かけて、読谷山《ゆんたんざん》に向かった。そこには大湾《うふわん》と呼ばれる村があって、大陸と向き合う天然の良港があった。そして、大湾の「大」の字が、龍宮神信仰の重要な拠点であることを示していた。

「大」は、「ウフ」「ウプ」と読む字であったが、本土では、「オフ」または「オオ」と読んでいた。

例えば、「大人」は「ウフッチュ」と呼んで、龍宮神信仰の人を表わし、そして、本土では、「オフト奴」から「おとな」に変化した言葉であった。

例えば、大豆は「ウフマーミ」、大琉球は「ウフリュウチュウ」で、大交易は「ウフアチネー」、琉球古典音楽の大節は「ウフブシ」、那覇の大市場は「ウフマチ」、大道は「ウフミチ」、大城さんは「ウフグシク」さん、辺野古の大浦湾は「ウフラワン」、そして、各集落ごとにある大川は「ウフカー」、名護市大中は「ウフナカ」、大家は「ウフヤー」、尊敬される古老は「ウフシュウ」、盛大に祝うことを「ウフスージ」、海の道を「ウフドゥー」、聖なる岳を「ウフダキ」、お月さまを「ウフツキ」、港を大泊と書いて「ウフドゥマイ」、大東島は「ウフアガリジマ」、大綱引きは「ウフチナヒチ」、辺野古地先にある「ウフマタ遺跡」などなど、数え上げるときりがないほど「大」に溢れている。

このように「大」は、南西諸島全域が龍宮神に守護されていることを表し、それが、島の生活の隅々にまで染み込んでいた。またそれが、小さな島嶼国を「大琉球」と呼んだ理由でもあったのである。

信仰心と差別用語

しかし、信仰心の厚すぎる「大人」ほど、言うことを聞かない場合が多い。そのような頑固者に

とにいいます（続き）

「ウフソウ」と怒ったり、また、反論する者には、「ウフグチ」を叩くなと言って、ケンカになることもあった。

この、「ウフソウ」とか「ウフグチ」とか「ウフムヌイイするな」と大声を出し、相手を抑えようとすることと、宇宙神「ヒャー神」を信じる者に、「クヌヒャー」とか「ヤナヒャー」とか言って罵しることとは、同じ信仰者同士が詰り合う怒りの表現として、よく使われてきた言葉であった。ところが、この「ヒャー」が、仲間同士の激励にも使われ、「シーヒャー」、「シタイヒャー」、「ウリヒャー、アリヒャー、ハイヒャー」などと、賑やかな応援合戦を展開してみせることもあった。また、エイサーやカチャーシーを踊るときにも「ヒーヤーササ、ハイヤ」と掛け声するのであった。このことから、「ヒャー」という言葉には、どうやら「神」そのものを表すと同時に、「神の子」の意味が含まれているようにも思われ、即ち、人は皆、「ヒャー神の子」であるとの認識があるようであった。

玉グスクの日の門

姫子は、読谷山で、亀の母親大湾《うふわん》のカミーアンマーから、宗教と龍宮神信仰の手ほどきを受けていた。一方で、商業地で賑わう北谷《ちゃたん》には、大神司の執り仕切る大神屋があったが、ジュゴンの炙り肉をめぐる問題で、カミーアンマーとの対立が深まっていた。

そんな中、カミーに指示された姫子は久高島に渡り、そこで神女になる修行を積むことになった。そして、約束の五年が過ぎ、いよいよ倭国の世直しに立ち上がる時がきた。しかしその前に、自らが天日子に孵でかわる儀式をしなければならない。そこで、姫子は、玉グスクの岩門をゴホウラ貝の形に繰り抜くよう、海人たちに頼み、完成させた。

ところで、姫子が、玉城の岩門をゴホウラ貝の形に彫らせたのは、他でもない。ゴホウラは、海の底で「日を生む貝」とされ、ゴホウラの貝輪を身につけると、お日さまのように生まれ変わることができると、信じられていたからであった。このゴホウラは「テルコンニャ」と呼ばれ、漢字で書くと「日子蜷」である。貝に「日子」の名が付けられたということは、天日子の誕生を、人々が待ち望んでいた証でもあった。

また、「日の門」を造った当時の海人にも、姫子を支えるべき事情があった。以前は、宝貝などの交易で、ヤマトから五穀を持ち帰ることができたが、大乱が起きたため、それができなくなっていた。ところが姫子のアイデアで、ゴホウラの貝輪を、ヤマトの世直しのシンボルとして売り出そうということになった。そこで、海人たちは姫子の指示通りに動き、ゴホウラの岩門を完成させたのであった。

天日子の誕生

いよいよ天日子の儀式の日、姫子は久高島から玉城の百名の浜に降りたった。そのとき船の着いた場所が「ヤハラツカサ」と呼ばれ、今も浅瀬の海中に、「ヤハラツカサ」と書かれた指標が立っている。

「ヤハラ」は「ヤヘー」の訛りで、その「ヤハラ」が本土に渡って、どうやら「八幡」の字が当てられたようである。

姫子とうないたちは、百名の浜から玉グスクの天頂天継御嶽に登って夜籠りし、夜明けを待った。手に手にサンを持ち、野やしの葉を立て、頭には草冠を飾っていた。ヤシは、ヒャー神がアラ神となって降りる聖なる木であった。女たちは、満月の空から、姫子の上にアラ神が降りるよう祈った。やがて、東の空も水平線も明るくなり、ゴホウラ貝の岩門に新たなる日が生まれ出た、その瞬間、ピカーっとまばゆい光が姫子を照らして輝いた。待ち望んでいた、神々しい天日子の誕生であった。そして、噂は、たちまち島中に広がった。

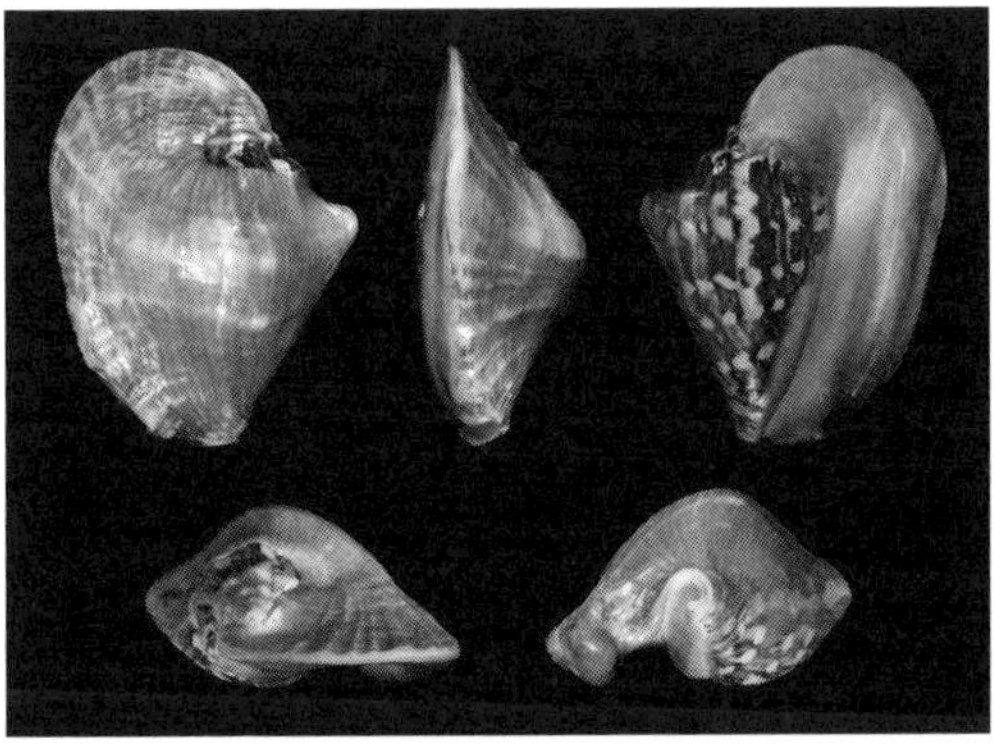

ゴホウラ貝（Wikipedia H. Zell）

姫子が「天照日御子」を名のったのは、全てを照らす必要があると思ってのことである。また、世直しを共にする倭及奴の女たちが大勢いたのは、「男は、ソーキ骨が足りない」との教えがあったからであった。それに、男の無事を守るのは、姉妹神《うないがみ》の魂であるとの信仰もあってのことだった。本土には、その当時の姉妹神の活躍を伝える「うない神社」があるが、それは、世直しの時代があったことを伝える立派な証ということになる。

龍宮神姉妹と日の丸

姫子がうない神＝姉妹神信仰にヒントを得て、龍宮神の姉妹神を思いついたのは、辺野古大浦湾に入ったときであった。白昼夢のようにまどろんでいると、海中から現れた豊玉姫と玉依姫の姉妹が、天照日御子の守護神になることを誓ってくれた。そこで姫子は、三人の魂を合わせ、三つ巴の象徴にすることを思いついたのであった。そして、ヤマトの世直しのため、伊平屋島のクマヤ洞窟に結集したうないたちを前に、守護神の象徴となる「三つ巴紋」と、自らの天日子の印として「日の丸の旗」を掲げることを宣言した。

その年、姫子十七歳。

世直しのルート

宮崎の鵜戸に着いた一行は、一年をかけて、都城、霧島、大口、水俣から北へと、災害地をまわり人々を励まして歩いた。何故、そのルートかというと、熊本の宇土《うと》が委奴《いと》に読めることと、そして、八代の海沿いに、日奈久、二見、豊原の地名があったからである。日奈久《ひなぐ》は、辺野古と同じ「日奴国」であった。これは、偶然の一致とは思えない。世直し以前に、何らかの交流があったか、あるいは、姫子一行の中に、名護市辺野古、二見、豊原出身者がいて、のちにそう呼ばれるようになったのか？　気になったからである。それに、熊本大分地震のその辺りが、中央構造線断層帯の端に当たることも、後で知った。また、最近、画家の坪谷令子さんからの情報で、水俣市月浦の坪谷が「つぼたん」と呼ばれていることを知って、驚いた。これは何かある。谷を「たん」と読むのは、沖縄の読谷、北谷、谷茶だけでなく、熊本にもあったということである。もしかすると、京都丹波の「たん」も、元は「谷」だったかもしれない。丹波は、「たにわ」と呼ばれたらしいので、「谷倭」が「丹波」に変わったのかも知れない。

高千穂の賑わい

年が明け、一旦、鵜戸に戻った姫子一行は、今度は日向の国を北上していった。現在宮崎県には、九州最大の西都原古墳群や、古墳時代前期の生目古墳群があり、日向灘を望む持田古墳群からは、鏡やヒスイの勾玉が出土するなど、世直しの後を示す遺跡が、数多く残っている。また、延岡にも、南方古墳群があった。

世直し隊は、延岡から五ヶ瀬川を遡り、夏の間は涼しい高千穂で過ごすことにした。高千穂には、大きな天の岩戸があって、来る日も来る日も、神の子の噂を聞きつけた人々が集まり、賑わいを見せた。

高千穂は、天孫降臨神話や神楽などで知られる観光地だが、裏を返せば、そこが、世直しの重要な拠点であったということである。

サンタヒコと亀からの知らせ

しかし、考えてみると、姫子が、いきなり知らない土地を動き回れるわけはなかった。そこで、宗教指導者サンタヒコを数人登場させ、道案内をさせることにした。また、父親がわりの亀は鵜戸で別れたあと、玉を求めて新潟の糸魚川に行ったきりにした。

すると、およそ二年のすぎた秋の日、亀から待望の知らせが届いた。また、宇佐からは、建造中だった大社が満月までには完成するとの連絡が入った。さらに、その満月の朝、真玉を乗せた亀の船も宇佐に着くという。そこで、その日を大社落慶の日と決めた姫子は、翌朝早く高千穂を出発し、阿蘇の外輪山を目指したのであった。

古事記の歴史偽装

だがしかし、その世直しルートを、古事記は誤魔化していた。宮崎の鵜戸の洞窟で生まれた神武が、高千穂から海路を宇佐に向かったという、いわゆる神武東征神話に仕立てていた。一体、何の意図でそうしたのか？ 考えられることはただ一つ。それは、崇神の孫景行天皇が、朝廷に帰順しない熊襲の族長を平定したという事績があったからである。その鎮圧の大半は、息子の日本武尊が成し遂げたというが、記紀では景行自身も熊襲平定に出征したことになっていた。ところが、景行の妹倭姫《やまとひめ》が伊勢神宮に天照大神、即ち、姫子を皇祖として祀ったために、困ったことになった。まがりにも川上一族の血をひく朝廷が、それでは祟られるのではないかと怖れ、記紀の編者たちが、ルートを誤魔化したのである。しかも、日本武に討伐されたのが川上健であったというから、川上一族と大和朝廷との因縁は、やはり、見逃せない。

阿蘇高原の祠

秋風の涼しい阿蘇高原に、真新しい祠は建っていた。側には、村人がかしこまり、姫子の来るのを待っていた。祠は教えの通りに、入口の柱と鴨居を赤く染め、神の怒りが通り過ぎるよう設えていた。

姫子は、村人をねぎらい、手際よく龍宮神の真振を祠に込める準備に入った。うないたちは、祠の屋根にサンを刺さし、阿蘇の大地にも刺した。それがすむと、静かに、姫子のうしろに控えた。

空に、十三夜の月があった。

姫子は、祠の前に三個の石を置き、火ヌ神を作った。……そして、勢いよく火を焚きあげ、天の神、地の神、龍宮神に向かって祈り始めた。

神の怒りは、大地震や大雨や火山の荒ぶる神の爆発となって現れる。その恐怖から人々を救うのが、龍宮神の役目であった。

姫子は、倭及奴から案内した龍宮神をヒャー神に報告し、声を上げて祈り続けた。

高原の空に言霊が響き、風が震え、やがて静かになった。

そして、誰もが安堵した。

祠への入魂が終わると、村人に笑顔が戻り、宴になった。

これで、殺し合いのない暮らしに戻れる。

みんなで手を打ち、歌い、踊った。

すると、月明りの草原を、走ってくる人影が見えた。

遠い山鹿から来たという、親のない娘たちだった。

姫子は、一人びとり抱きしめ、宇佐へ連れて行くことにした。

それが、姫子の愛のかたちだった。

阿蘇神社と熊本城

姫子が龍宮神を入魂した祠が、現在の阿蘇神社かどうかは分からない。ただ、数年前のこと、阿蘇神社の例大祭がテレビで報道されているときに、いきなり、うないの行列が現れたのには、びっくりした。もしか、世直しの痕跡が他にもあるんじゃないか？と思っていたが、熊本大分地震が起き、阿蘇乙姫の地名があったことを思い出した。

乙姫とは、龍宮のお姫さまである。当然、姫子の世直しの記憶を留めていることになる。しかし、阿蘇乙姫の人たちが、地名の大切さを分かっているだろうかと思うと、どうも心許ない。阿蘇神社が潰れ、熊本城の石垣や屋根瓦が崩れ落ちているのを見ると、改めて荒ぶる神の怖さを知る。しかも熊本城は、明治国家による九州鎮圧のための最重要拠点鎮台であった。その、古の奴国を封印した熊本鎮台の出兵を受け、一八七九年に琉球王国は、滅されたのである。しかし、そのことを、熊本県民は知っているだろうか？

鳥居のルーツ

翌朝、阿蘇を出発した一行は、その夜、湯の村で一泊した。

さらに翌日、重い荷物を頭にのせて歩き続け、目的の宇佐に辿り着いたのは、もう日暮れ近く。

そこで姫子たちが目にしたのは、これまで見たことのない大きな赤い鳥居と、荘厳で大きな赤い社殿であった。

神社の赤い鳥居は、玄関の両柱と鴨居を羊の血で赤く染め、神の怒りが過ぎることを願う、過越祭がルーツと思われる。その慣習は、遠いイスラエルから徐福によって伝えられたのかもしれない。ナザレのイエスが磔刑を受ける前、過越祭を行ったことは知られている。沖縄では今でも、シマクサラシとかシマカンカーと呼ばれる過越祭に似た祭りを、各部落ごとに行っている。本土でも、徐福渡来によって伝わった可能性がないわけではない。ただ、紀元前から鳥居の形があったかどうかは、疑問である。何故なら、南西諸島に鳥居の慣習はなかったからだ。おそらく、本土に鳥居が立つようになったのは、三世紀のヒミコの世直しと共に、各地に龍宮神を祭る社《やしろ》が建てられてからではなかったか？　そのときに、社の入り口を示す結界として、大小様々な鳥居が立てられたようである。

以来、鴨居や鳥居にはヒャー神の怒りから人々を護る守護神、即ち、龍宮神が宿ると信じられ、鴨大明神と呼ばれるようになった。特に京都の上賀茂神社、下鴨神社の鴨大明神は有名だが、その鴨とは神の坐す意味の鴨居のことで、「大」は龍宮神ジュゴン。そして、「明神」とは、日と月の神を表し、それは、ヒミコを指していることにもなる。下鴨神社の祭神が玉依姫である事実からしても、間違いなく「大明神」とは、ジュゴンとヒミコということになるが、すると、東京の神田明神のような、全国の八幡社が三つ巴紋の象徴を掲げているということは、日本人の誰も知らないうちに、南西諸島から伝わったヒャー神と、ジュゴンとヒミコを祭っていることになる。

その神社の創始社が、姫子によって、大分の宇佐に、建立されたのであった。

宇佐神社の落慶

ついに、その日がきた。

姫子とうないたちは、夜明け前から海岸に出て、亀の船を待った。

姫子の後方に五人の神官が控え、三つ巴の象徴を印した二つの神輿と、担ぎ手の男衆が控えていた。

やがて、明けもどろの海に船影が見えると、うないたちが歓喜して立ち上がった。

かりゆしの歌が宇佐の海に響き、
船は、上げ潮にのって、港に接岸した。

亀が二つの錦の箱を抱いて、降りてきた。

姫子が、涙を浮かべて、むかえた。

箱には、青く光る真玉が二つ。

受けとった姫子は、一つのマガタマを豊玉姫さまの「真玉」とし、もう一つのマガタマを玉依姫さまの「真玉」とご案内して、それぞれを神輿の中に納めた。

いつの間にか、龍宮神の噂で集まった群衆が、神の子を固唾をのんで見守っていた。

やがて、姫子の出立の声が上がり、きれいに着飾った山鹿の娘たちが先頭に立って歩きだした。姫子はサンを手に持ち、ゆったりとした足取りで歩き出した。その後を神官の古老が続き、二つの神輿が高々と上がると、周りから感嘆の声が上がった。神輿の後から、頭を草冠や花で飾ったうないたちの列が続き、その後を、若いうないたちが白鳥に扮して翼を広げ、優雅に舞いながら、歌いながら続いた。さらに、うないの列は続き、その後を、群衆がぞろぞろと追いかけていった。

その日、宇佐神社入魂の儀礼と落慶の祭りは、終日が喜びにあふれ、それはそれは、盛大であったと想像する。

アマミ族の祭りの絵

しかし、何故私にそのようなことが書けたかというと、それは、宇佐に「真玉海岸」があったからである。沖縄に、真玉橋があるように、また、首里城正殿を真玉杜《まだまむい》グスクと言うように、また、首里城下には真玉道があったように、真玉は、琉球の龍宮神信仰の文化を象徴する重要な言葉としてあるが、しかしそれは、琉球にだけ存在するものとばかりに思っていた。ところが、宇佐にも、真玉と呼ばれる海岸があるので驚いた。そこで、その謎を解くには、宇佐神社と、姫子と、真玉との関係を結びつけて考えるしかない。そう思った瞬間、情景が浮んできたのであった。

また、亀は何故、新潟まで行って真玉作りをしたかだが、糸魚川の翡翠が硬くて美しい玉になることぐらい、讃岐や丹波との交易で知っていたと思うのである。また、沖縄から糸魚川産の真玉が出土する謎や、その真玉が、いつ何処で生まれたかを考えた場合、やはり「世直し」の拠点である宇佐神社の落慶に合わせ、生まれたと推測する方が、より自然に思ったからである。そして、二つの真玉の奉納については、宇佐神社が所有するアマミ族の絵巻に、二つの神輿が描かれていたからであった。しかも、神輿の屋根には無数の三つ巴紋が印されていた。それは、豊玉姫と玉依姫の御霊を守護神として案内してきた神輿に間違いないと思われ、また、うないたちの行列をこと細かに書いたのも、その通りに、絵巻に描かれていたからであった。

邪気祓いの囃子

また、山鹿の娘たちを行列の先頭に立たせたのは、山鹿灯籠踊りの歌の囃子が「よーへーほー、よーへーほー」と歌われるのを、思い出したからである。このような妖艶な囃子が、平安座島や国頭村安田のウフシヌグの際に発せられる、「えーへーほー、えーへーほーい」の、邪気祓いの言葉に酷似することから、毎年執り行われるシヌグ祭りが、古代ヤマトの「世直し」に直結したものに違いないと思ったからである。しかも、そのような囃子が、「ほーい、ほーい」や、「ほーはい、ほーはい」、あるいは、久高島のイザイホーの、「エーファイ、エーファイ」などと多様に変化して存在し、沖縄県各地離島の祭りで見られるのであった。つまり、「よーへーほー」や、「えーへーほーい」の掛け声は、「世直し」のときから伝えられてきた邪気祓いの咒《まじない》と考えられるということ。そこで、その囃子の発祥だと思われる山鹿の娘たちを、先頭に立たせて然るべきと思ったからであった。

百襲姫の八尺瓊真玉

さて、問題は、『魏志倭人伝』に記された大乱後の倭国が、「そこで共に一人の女子を立てて倭国の王とした。名を卑弥呼という」の、その「共に」の部分をどう解釈するかであった。もし言うように倭国が三十余国の連合国で、それら各国の代表が一同に会し、姫子に「世直し」のリーダーを正式にお願いする機会があったとするなら、やはりそれは、宇佐神社の落慶の日しかない。そこで、一計を案じ、亀は姫子のために、特別な真玉を準備していることにした。そして、姫子のための真玉を天照日御子の証となるよう、赤く光る「八尺瓊真玉《やさかにのまだま》」とした。また、そうでないと、後に三種の神器と呼ばれるマガタマと、宇佐神宮と天皇との関係を示すことができないからである。それに、姫子が、八尺瓊真玉を身につけるチャンスがあったとするなら、やはり、クニの代表の集まる落慶の日以外にないのであった。

姫子は、豊玉姫、玉依姫の二つの真玉を社殿の上に安置し、しばらく奉納の祈りを唱えていた。しかし、彼女の赤い真玉は、まだ襟の中。そこには誰ひとり近寄れず、三十余国の代表は、ただ黙って、遠くから姫子の様子を見つめていた。「神の子と噂される姫子だが、女を王にしていいのか?」と、まだ迷っている者もいた。だがしかし、姫子が立ち上がり振り向いた次の瞬間、諸侯の疑いの目はたちまちに吹き飛び、驚きにかわっていた。天照大神の光り輝く赤い真玉に圧倒された人々はついに平伏し、姫子を倭国の百襲姫と認めたのである。

大分の謎

でもこれは、できすぎたシナリオに思う。しかし、『魏志倭人伝』を解くには、今のところこれ以上は考えられない。ただし、宇佐神社が世直しの中心となり、各地のリーダーにそれぞれのクニを治める「大倭」の称号が与えられたことは、魏志の記録でも明らかであった。しかも、大分県が、何故「大分」なのか?を考えた場合、大分とは、「大」を「分けた」意味に読めるということである。即ち、大分とは、各国から集まったリーダーたちに、大倭の地位と権限を、分け与えた場所、それが宇佐神社であったということになる。

余談だが、日本民謡の追分節が信濃に始まり、越後追分、松前追分、江差追分と広がっていることを考えると、その辺りも、かつては龍宮神信仰地域であったように思われる。ひょっとすると、追分節とは、大和朝廷に支配されるようになった人々が、幸せだった大分を思いだし、悲しみを歌ったのではなかったか? つまり、「おふわけ」が「おいわけ」になったような気がするのである。

アマテラスとスサノオの誓約

しかし、さらなる難問があった。アマテラスとスサノオが交わした誓約は、いつどこでなされたかということである。ただ、その場所も、宇佐が世直しの中心だったことを考え、宇佐神社とした。

先ずスサノオとは何者か?だが、それは洲砂男のことと理解した。即ち、河川や海岸の砂鉄を集め、たたらで生計を立てていた製鉄業者のことである。大乱の間は武器を製造販売していたが、世直しで武器が売れなくなってしまった。困り果てた各地の洲砂男たちは大勢で宇佐に乗り込み、姫子との直談判に出た。そして、その救済願ともとれる団体交渉の結果が、アマテラスとスサノオの誓約だったということである。そこで、姫子の承認を得た洲砂男たちは、晴れて世直しの仲間入りを果たし、武器ではなく農具を作り倭国を豊かにするようになった。また、姫子の命を受け、遠く新羅や耽羅にまで龍宮神信仰を広めたようである。そして、実際にそのような歴史を伝えているのが、耽羅=済州島の建国神話であり、三世紀の新羅王の宝剣に刻印された「三つ巴紋」であった。

一大率と委奴国

*一九八年、姫子十九歳。

中国で曹操が魏王になったその年。姫子は筑紫の岡田宮（現宗像市）に一年滞在していた。壱岐に一大率を置いたのは、徐福以来、北部九州玄界灘辺りが大陸への玄関口で、倭国の体制整備に追われていたからである。一大率は、倭及奴語で「イチウフスッ」または、「イチオフソッ」と読み、それは、一番に龍宮神が統率する役所の意味である。

姫子は、壱岐に行ったその足で沖ノ島にも渡り、倭国の安泰を祈願したようである。沖ノ島から祭祀用の真玉が出たことは、姫子とないたちが上陸した、確かな証であった。

また、かつての北部九州は、姫子の治める奴国、委奴国、倭奴国であったことが、地名からも伺える。例えば、博多湾に浮かぶ能古島は「ヌクの島」で、奴国の島を意味している。そして、糸島半島の「イト」も「委奴」を表し、半島の先の姫島も、委奴国の女王姫子の名を留めた島ということである。

世直しの拠点大三島

＊一九九〜二〇二年。姫子二十歳から二十三歳。

姫子は、関門海峡をぬけて瀬戸内海を東へと向かった。神武東征神話では、宇佐から船出したことになっているが、そうではなかった。おそらく、岡田宮（現宗像市）に於ける姫子の歴史に触れないようにしたのであろう。実際の世直し隊は、先ず、速水門＝関門海峡を通って現山口県周南市あたり、そして、安芸の多紀理宮＝現広島県府中市、さらに、大三島を拠点としながら、愛媛県今治などを三年かけて回ったようである。瀬戸内海には、とかく大島という名の島が多い。中でも、大三島が世直しの中心だったようで、そのことを、「大」「三」「島」の三文字が語っていた。また、大山祇神社の、「大」も「山」も、龍宮神信仰の拠点であったことを示していた。

しかし、現在の大山祇神社は、三つ巴紋の象徴はおろか、「世直し」のかけら一つ見つからない。それは、後の大和朝廷が、徹底して歴史を消す努力をしたことになる。代わりに展示しているのが、刀、鎧、兜などの戦さの品々だが、果たして、それでいいのか？

ところが一つだけ、おそらく姫子の前でも行われたと思われる相撲が、思わぬ形で残されていた。本来、相撲は「シマ」と呼ばれ、龍宮神に奉納するための神事であったが、それは、ジュゴンのように裸になり、無防備で力と技を競いあい、真剣に勝負する儀礼であった。ところが、大山祇神社では、見えない神「稲の精霊」を相手に滑稽な一人相撲を取って人々を笑わせ、それを神事としているのであった。まこと龍宮神に失礼な話だが、しかし、それでも、大三島の三文字が、「世直し」の拠点であったことを示し、歴史は誤魔化せない。

鬼ノ城と宮古島

＊二〇二〜二〇七年。姫子二十三から二十八歳。

世直し隊は、さらに東へ進み、吉備、播磨、淡路、讃岐、そして、丹波、摂津などを回る。中でも、吉備の鬼ノ城《きのじょう》＝現岡山県総社市では、新羅系の洲砂男たちが、姫子の経済を支えたようである。しかも、彼らは、姫子の死後も大和朝廷と闘ったようで、そのことが後の歴史から見えてきた。例えば、反乱鎮圧に四道将軍として派遣された吉備津彦の話や、桃太郎による鬼退治の話がそうである。勿論、退治された側の鬼が、姫子とウチナーンチュの同志であったことはいうまでもない。

その反乱の舞台となった鬼ノ城は、古い新羅系山城の一つであった。姫子が吉備に着いた頃は、新羅との連合体制も整いつつあって、また当初から鬼の城と呼ばれたわけではなかった。そこは、磁鉄鉱を含む砂泥層の山の、たたらで農具を生産する拠点であった。

初めて鬼ノ城を訪ねたとき、途中に、砂川の地名があることに気がついた。赤錆びた水の流れる血の川の村。ここが、砂川とは？　はっと浮んだのが、沖縄の宮古島に多い砂川の地名や人名であった。

宮古島の砂川は「うるか」と言う。「うる」とは砂であり、サンゴのかけらにも言った。しかし、語源は分からない。そこで考えられるのは、鬼ノ城の首領の名が「うら」「おら」であったことである。つまり、「うら」も「おら」も「うる」も砂を表わす古代奴人語であったとすると、もしかして、鬼ノ城の首領の名が「うら」で、そこに流れる川が「うら川」で、それが、赤い砂川であったということかもしれない。

その砂川《うるか》の地名人名が、何故、川のない宮古島にあるのかの疑問に答えるには、やはり、鬼ノ城と姫子の関係から、考えるしかないように思う。一つは鬼ノ城が新羅系の山城であること。そしてもう一つが、宮古島の言葉が朝鮮語のようにも聞こえるほど、沖縄本島語とは違うからである。しかも、大神島の言葉がさらに難解で、卑弥呼の墓があると噂されるほど、神秘的な島でもあった。

そこで、姫子と新羅人と宮古の大神島との接点は何か?を考えたときに、ふと思い浮かんだのが、姫子の経済政策であった。

ゴホウラ貝の品不足

その頃、世直しも安定する中で、実はゴホウラの貝輪が品不足に陥っていた。貝輪の不足は、のちに石の模造品を生むほど深刻で、そのことは、奈良の島の山古墳を訪ね、小さな前方後円墳から、模造品の腕輪がゾクゾク発掘されたと知ったとき、当時の人々が、如何に日を生む貝の腕輪を欲しがっていたかが、分かった。

つまり、姫子の経済政策には、お日様信仰と結びついた公共工事、前方後円墳造りがあったが、その古墳の形が、ゴホウラの貝輪に似せてあやかったものだったため、人々は、ゴホウラの腕輪を身につけておけば、死んでもお日様のように生まれ変われると信じ、それが飛ぶように売れたというのであった。

ところが、倭及奴からのゴホウラの入荷が滞り、北谷王との関係も悪化していた。そこで、経済的に困っていた姫子を救ってくれたのが、鬼ノ城の首領うらだったことになる。うらは、自分を頼ってきた新羅人に、少し遠いが宮古島まで行ってゴホウラの調達をするよう、頼んだに違いない。

ところで新羅人といっても、朝鮮半島の端に住んでいた倭奴人のことで、言語の全く違う異民族ではなかった。しかしそれでも標準語教育の進んだ今日でさえ、南西諸島の島々には、それぞれの島口に個性が残っているように、宮古島周辺でも、それは同じであった。なかでも、特に、大神島の言葉がきわだって違うことと、奈良の大神神社と同様の大神、即ち、龍宮神を祀る島名であること。さらには、島では、秘祭の「祖神祭＝大神祭」が行われ、世直しの時と同じ衣裳を着けた女性たちが、祭りの伝統を守ってきた歴史があったことなどを考えると、これ以上の解はないように思う。

四国は悲しい宿国

姫子と世直し隊は、伊予、今治から讃岐へと、龍宮神による平穏を、四国にもたらしていった。また、そのことを、「四国」の名そのものが語って見える。つまり、ジュゴンが家を守る宿神であることから、かつての四国は、「宿国」と呼ばれていたが、「シュクコク」から「シコク」となり、四国に変わったように思うのである。しかし、宿神信仰は、後に空海によって迫害されてしまって、今では高知県に二十一カ所の宿神神社が残るのみとなった。

日本人が、尊敬してやまない弘法大師空海だが、彼の仕組んだ八十八ケ所の巡礼システムこそは、まさに、姫子と龍宮神信仰を歴史から消すためのものであった。しかし、高知県の南国《なんこく》が「奴ヌ国」を示すように、また、室戸岬に向かう海岸沿いに龍宮神の旗を掲げ、差別と闘い続けている人たちがいるように、今も、空海に対する抵抗が続いていることは、事実として確認しておきたい。また、それに対し空海は、龍宮神の代わりに波切不動という架空仏を人々に押しつけ、人心を取り込んでいるのも、これもまた事実であった。

しかし、空海の名誉のため少し忖度すると、彼のとった行動もまた、致し方ないことではあった。それは、空海の生まれるおよそ百年前の六八四年に、白鳳地震という大地震が、四国で起きていたからである。それが、黒田郡が土佐湾に沈むほどの大地震であったようで、高知県大月町柏島の沖には、そのときに沈んだと思われる村跡が、最近発見されている。そこで考えられることは、そのときの被害にあった人々の動揺が、朝廷を揺るがしかねないほどの騒ぎになったのではないか?ということである。

そして、その騒ぎは、おそらく空海の生まれた頃まで続いていたのであろう。空海は、その騒ぎを収めるために、急ぎ真言密教の価値観、即ち、法力で龍宮神信仰を押さえたことになる。そして嵯峨天皇に功績が認められ、宮中での宗教儀礼に真言密教を注入することにも成功する。しかし、姫子側からしたら、それは当然許せる話ではない。にも関わらず、ほとんどの宿国人が迫害に屈し、お遍路を美化して生きるようになった。それが、かつての世直しの国で起きたかと思うと、四国は悲しすぎる奴ンコクであった。沖縄に幸地《こうち》という地名人名が多いのは、その高知から逃れた人たちが移住してきたからではなかったか? そうとしか考えられない。

隠された出雲の神

また、四国に劣らず悲しいのが、出雲、丹波、越にかけての、龍宮神信仰地域であった。倭及奴から龍宮神の話は伝わっていたものの、おそらく、祭り方も分からなかった地域である。

幸い、大乱が起きたときは、中央構造線からほど遠く、地震による被害もさほどなかった。しかし、戦さの神とされる銅鐸や武器を生産する者が現れ、困ったようすであった。そして、内部対立が起きていたらしく、その内戦の遺物とも言える遺跡が随所に残されていた。ところが、そのような争いも世直しで落ち着くと、人々は、出雲大社に龍宮神と姫子を迎え、祀るようになったようである。

出雲大社の祭神は、「オホアナムヂ」または「オオナムチ」であるが、それは、「大奴神」、もしくは「大奴神武」のことであった。そして、もう一つの祭神「スクナヒコ」だが、それは「宿奴日子」即ち、「宿奴の国の日子」で、姫子のことを指しているのであった。勿論、大奴の国も、宿奴の国も、現在の沖縄であることは言うまでもない。

しかし、出雲大社から分社した全国の出雲系神社の祭神が「おなんじさん」と親しまれているにも関わらず、それが、沖縄のジュゴンであるとは誰も想像しないようである。まして、出雲大社が邪馬台国の女王卑弥呼を祀っているとは、まるで考えられないようである。それは、全国の出雲系神社が大和朝廷に弾圧され妥協させられてきた歴史を知らないのと、同じということか。

いや、もしかして、知っているのかもしれない。

黙って、時が来るのを待っているのかもしれない。

白兎伝説の真実

しかし、大和朝廷がいくら歴史を誤魔化そうとも、姫子の世直しが、出雲から北陸にかけてあった事実は、消せない。大奴神は大国主とも言われるが、その「大」が、ジュゴンを表わすことに変わりはないからだ。それに、大国主は、オフのクニの主《しゅう》を意味することから、大倭国の百襲姫、つまり、姫子を指していることに変わりはない。

その姫子によって世直しが行われたとき、大国主姫子と洲砂男との間で問題が生じていたという話が、鳥取県の白兎伝説であった。

白兎の「シラ」は、新羅を表わし、大乱に乗じて稼ぐことを考えて渡ってきた新羅人の中に、戦争を好まない裏切り者が出た。鰐に乗ってきたというが、その鰐とは戦さの神銅鐸であった。そのため、銅鐸作りを拒んだ者がいて、それが、仲間に虐められ、身ぐるみを剥がされたという。そこへ姫子があらわれ、虐められていた者を助けてあげたというのが、白兎伝説の意味するところであった。また、実際に、そのような時代があったことを示すように発掘されたのが、出雲荒神谷遺跡に埋納されていた三五八本の銅剣と、銅矛十六本、銅鐸六個の出土ではないか？と思う。

このように、山陰側が大倭の領域となり、糸魚川の真玉作りも盛んになった。そのことが、大国主と奴奈川姫の話から見えてくる。

しかし、姫子の死後、大和朝廷の暴虐が始まると、出雲族も平穏ではいられなくなった。そして、終いには、奴奈川姫の息子建御名方の諏訪入りが示すように、大和族に抵抗しないことを約束させられてしまう。返す返すも残念だが、大国主とは国譲りの神ではなく、国奪われの神であったのである。

金のトビと八咫烏

＊二〇七年。二十八から三十歳。姫子、奈良に帰る。

姫子は、いよいよ、奈良入りを目指した。しかし、奈良には、長く拗ねて抵抗しているナガスネヒコがいた。一行は、浪速の渡を過ぎ、白方の津に泊まったが、逆にナガスネヒコの返討ちにあってしまう。そこで、世直し隊の一部が紀国に迂回し、熊野川を遡って奈良に入ることになった。

ところが、神武東征神話では、それが脚色されていた。突然、空に金のトビが現れ、「日の神の子が、日に向かって戦うのは悪い。日を背にして戦うべきである」と告げる。そこで、紀国に迂回し熊野川を遡ると、今度は、三本脚の黒い八咫烏《やたがらす》が現れ、神武の道案内をしたという。その八咫烏のおかげで、神武は奈良入りを果たし、宇陀、忍坂を通って橿原に至り、国を治めたという。勿論、それは、歴史を秘匿し、皇統を美化するための改ざんであった。

ところが、明治政府は、その神武の奈良入りが日本の始まりであると決めてしまった。そして、神武を初代天皇とし、即位日を、紀元前六六〇年二月十一日とした。また、国民もその嘘を信じ、金のトビを象った金鵄勲章を胸に、自らを富国強兵の道に投じてしまっていた。

かつて、仙台の青葉城には、その狂った時代の象徴である大きなトビ像が立っていた。だが、数年前に見たときは、東日本大震災で崩れ落ちていた。一方、八咫烏の方は、全日本サッカーチームのマークとして、今も国民から支持され、生き続けている。それが、我が国の誇る文化と言うのであれば、日本人は、未だに嘘を受け容れて生きる不可解な民族ということになる。

姫子の奈良入り

ところで、神武が熊野川を遡った話は、世直し隊が三つ巴紋の象徴と日の丸を掲げ、奈良入りした実話であった。しかも、和歌山県新宮市で毎年秋に行われる熊野速玉大社の例大祭では、熊野川河口の鵜殿村の御船祭りが、今もその時の様子を伝えていた。祭りに登場する神船は、まるで琉球船のように「日の丸」の旗を掲げ、「三つ巴紋」象徴を張り巡らせ、しかも、天照日御子に扮した男が先導役を務め、驚くばかりである。

だがしかし、その熊野川の世直しルートも、大和朝廷に支配されてしまい、今では熊野古道と呼ばれて神秘の世界遺産にされている。

そして、八咫烏が、まるで熊野大社三社の守護神であるかのように掲げられ、また、長く抵抗したであろう九鬼という氏子の鬼の字も、角を失ったままである。果たして、それでいいのか。

ところで、この熊野川ルートは、姫子が、直接、険しい道を遡ったとは考えにくい。やはり、姫子の本隊は淀川から奈良入りし、熊野川隊との挟み撃ちによって、ナガスネヒコを退治したように思う。今、そのときの決戦の場所は特定できないが、大阪府高槻市上牧日蓮宗本澄寺のある、神奈備の森あたりのような気がする。

ナガスネヒコに勝利した姫子は、木津川を南に、奈良入りを果たす。実に、二十二年ぶりの帰郷であった。早速、桜井の三輪山を御神体に大神神社を建て、近くに宮殿を構え、龍宮神を守護神とする神権政治の体制を整えた。そして、うないたちがリーダーになり、全国から集まった若い女子、凡そ千人を教育する制度を設けていた。それは、倭国を安定させる上で、各地域で祭祀を執り仕切る神女が、どうしても必要だったからである。

倭国の政治

では、『魏志倭人伝』の記した倭国のようすは、どうだったのか。

先ず、「卑弥呼は鬼道につかえ、人々をまどわすことが上手である。彼女はすでにとしをとったが、夫や婿はいない。弟がいて、国を治めるのを助ける。彼女が王となってから、卑弥呼を見た者は少ない。婢千人が仕えている。ただ一人の男子がいて、彼女のもとに出入りし、飲食を持ち運び、彼女の言葉を人々に伝えている。宮室・楼観・城柵は、おごそかに設けられ、常に武器を持った兵が守衛している。」

と、あった。

まるで、姫子が鬼道使いで、幻術や妖術で人々を惑わしているかのような表現だが、古代中国の殷・周時代の神権政治も封建制度も知らずにそう書いたということか？　まして、倭国が戦争しない宗教国家であることを、理解していないようすである。でもそれは、日本人が自国の歴史を知らないのと同じで、無理もない。

魏志は、彼女が生涯独身であったこと、弟が手伝っていたことを伝えていた。しかし、次の「卑弥呼を見た者は少ない」をどう解釈するかは、判断に困る。その時、彼女はすでに歳をとっていたというので、ある意味当然だが、それより、彼女自身が、できるだけ顔を見せないようにした可能性もある。いや、その方が、より神秘的に強い神権政治が行えるからである。

ところで、この卑弥呼を真似しているように見えるのが、空海であった。

卑弥呼が天照大神なら、空海は遍照金剛を名乗っていた。卑弥呼が、伊勢神宮の内宮に天照大神として祀られ、毎日、御食津《みけつ》が運ばれていることに対し、空海は、高野山奥の院、弘法大使霊廟に入定してから千年以上も経つというのに、今もって、生き続けていることにして、朝夕毎日食事を運ばせている。

果たして、この勝負、どちらが勝つのか？

また、魏志は、千人の婢が卑弥呼に仕えていたとしたが、婢とは、女奴隷ではなく、倭及奴のうないを中心とする神女たちであった。

また、魏志は、女王国がおよそ三〇の国を支配し、それらの国の最後に奴国をあげ、伊都国に一大率の役人をおき、諸国を監視させていると記していた。

また倭国には、王のほかに「大人《たいじん》」と「下戸《げこ》」という身分の違う人がいる。下戸が大人と道で会うと、道ばたの草の中にはいる。大人にものをいうときは、あるいはうずくまり、あるいはひざまずき、両手を地につき、うやうやしくする。また、大人はみな四、五人の妻をもち、下戸でも一部の人は二、三人の妻をもつが、婦人はみだらでない。盗みはなく、訴訟は少ない。また、「法」を犯すと罪の軽い者は妻子を没収し、罪の重い者は家族と一族を殺してしまう。尊卑には順序に従って違いがあり、それぞれ上の人に臣従している。そして、「祖賦」という租税の取立てや、「邸閣」（武器庫）、市場の取締りは、「大倭」の国々の役人に管理を任せている。

以上が、倭国のようすであったが、まるで、周王朝の封建制度の上に立っているのではないか？と思うほどしっかりしていたことに驚く。とすると、春秋時代以降に途絶えていた奴人の夢は、大陸から日本列島へ移動し、再び理想郷を建国していたことになるのではないか？

その理想郷である倭国には、大人と下戸の上下関係が見られたとあるが、当然、大人とは、龍宮神信仰の「ウフッチュ」のことで、また、下戸は、先住民族の縄文人だったことになる。また、大倭の国の役人の記述からすると、倭国が龍宮神に守られた国、即ち、「大倭の国」を自称していたことが分かる。

姫子、奴国の旅

＊二〇八年。姫子、三十から三十一歳。宇佐神社、北部九州、壱岐の一大率を、視察してまわる。

姫子は、壱岐島に一大率の役人を置き、諸国を監視させた。また、諸外国との外交、交易、通商を管理する特別区として、北部九州の委奴国にも役人を置き、それらのすべてを報告させていた。だがしかし、倭国の信仰の中心は、あくまでも奈良の三輪山を御神体にする、大神神社であった。

＊二〇九年。三十一から三十三歳。姫子は世直しの成功と大倭建国の報告、及び、ゴホウラ貝調達のため、再び、倭及奴へ渡る。

姫子は、壱岐と沖ノ島で国家安泰の祈願を済ませた後、倭及奴行きを決めた。そして、途中、かつて世直しした九州の奴国を訪ねることにした。

そのときの、九州奴国への道は、委奴国から、海路、奴ヶ先＝長崎を迂回して、五大国＝五島列島の奴国通島＝中通島を通り、島原半島を抜け、宇土の末盧国＝熊本八代に向かう海上の道だったようである。だが、このルートを特定するには、魏志の記した一大国が、一大率とは別だということを理解する必要があった。

つまり、一大国は、奴人語の「五」を「一」と聞き違えたことを考え、五つの大のクニを表わす五島列島の可能性があること。それに気づいて、初めて分かるルートであった。また、五島の中通島の「中」の字が「奴国」を表わすことから、奴国に向かう通り道を示していた。それに、当時の旅は、陸より船の方が早くて楽だったことにもよる。

だがしかし、そのルートには悲劇の歴史が隠れていた。奴ヶ崎ルートと島原半島辺りが、昔からの「サンジュワンさま」や「御前さま」の信仰地域だったという。「サン・ジュワンさま」も、「御前さま」も、ジュゴン信仰とヒミコ信仰を表わす。そのヒミコ信仰が、マリア信仰や観音信仰に姿を変えながら、耐え続けてきた長い歴史を思うと、心痛い。

もし、それが事実なら、一六三七〜三八年に、天草および島原で起きた百姓一揆は、本当にキリシタン弾圧が原因であったかというと、どうも、そうとばかりは言えない。天草四郎時貞を支え、二万数千人が原城に立てこもったという農民のほとんどは、隠れキリシタンというより、むしろ、隠れ龍宮神信仰だったのではなかったか？　もしそうだとすると、島原の乱とは、虐げられた奴人族による武装蜂起だったことになる。

しかし、このように見てくると、改めて、この国の龍宮神信仰弾圧の歴史が身にしみてならない。明治の琉球処分以前に、島原の乱があり、しかも、そのはるか昔にも、大和朝廷による熊襲征伐があったのである。それは、景行天皇と息子日本武による、日南から八代にかけての西征の道であったが、奇しくも、その弾圧の道は、かつて、姫子とうないたちが歩いた龍宮神信仰の世直しの道であった。

ということは、やはり、長崎、熊本、宮崎、そして鹿児島辺りは、間違いなく古代の奴国であった可能性が高い。

そして、今、倭国の女王となった姫子はその九州の奴国路を逆に辿って、倭及奴に向かおうとしているのであった。

シマ取りの神事

八代の海辺に、懐かしい日奈久、二見、豊原の村があった。

人々は、姫子を総出で迎えて歓迎した。

また、大口では、世直しの成功を祝い、シマ取りの神事が行われた。

シマ取りとは島取りの意味で、相撲のこと。行司が大声で口上を述べ、力士を呼び出し、龍宮神に生きる力を捧げるよう、シマ取りを命じた。そのことから、力士は、大口とも生口とも呼ばれていた。それに、力士たちは真剣勝負もするが、時に、滑稽な仕草や歌などを披露して、人々を喜ばす芸能集団でもあった。

「大口」は、倭及奴語で「ウフグチ」、「ウフクチ」または、「ウフク」である。沖縄に大工姓があるのは、この「ウフク」からきたように思われる。また、「生口」は、「シーグチ」「サングチ」「サンク」である。この「ウフク」「サンク」は、「ウフ」や「サン」が示すように、龍宮神信仰を意味する。また、相撲でいう「取口」も、シマ取りの「取り」に由来する。

また、「グチ」や「クチ」を短く「ク」と言う場合があり、沖縄には軽快なリズムと抑揚で「教え」を説き歌う、「口説《くどっち》」と呼ばれる歌芸がある。琉球舞踊の「上り口説」や「黒島口説」が、その代表例である。

また、倭及奴語で「生」を「シー」と読み、シマ取り最後の取組みを「シーの一番」と紹介することから、「生口」は、「シーク」とも呼んだようである。それは、沖縄本島本部町の瀬底島《せそこじま》を「シーク」と呼ぶことにも関連する。

また、チャンコ鍋のチャンコも、「生口」の食べた鍋料理「サンク鍋」か「シーク鍋」が、ルーツと考えられ、また、盆踊りや宴席でよく歌われる甚句も、相撲甚句のように、「生口」の歌がルーツと思われる。

そして、大口や生口は、誰からも尊敬され、体も大きく力持ちで、立派な大人であり、人格者であったということである。そのため、彼らは、時に中国に派遣され、外交使節として活躍したようであった。

すでに、一〇七年には、倭国王帥升らが「生口」一六〇人を後漢の安帝に送ったと後漢書に記されていた。だとすると、紀元前二一〇年に徐福が本土上陸したときも、沖縄や本土でシマ取りが行なわれていた可能性がある。また、さらに遡れば、殷周時代の中国でも、シマ取りは行われていた可能性が高い。いや、むしろそう考えた方がいい。それが、春秋時代になって龍宮神信仰は迫害され、中国でのシマ取りは見られなくなった。しかしその後、漢の時代には、外交を復活させた奴人たちによって、再び、「生口」が中国に派遣されるようになった。それが、生口の歴史のように思われる。即ち、『魏志倭人伝』に出てくる「生口」とは、姫子の送り出したシマ取りの芸能使節団のことであり、龍宮神信仰による平和使節団であったということである。

姫子は、小林、都城で歓迎されたあと、懐かしい鵜戸へと向かった。その辺りは今でも大男を称え、奇祭「ヤゴロウどん」のような祭が行なわれている、かつての奴国であった。

世直しの報告

姫子は、しばらく準備を整えてから、気をひきしめ倭及奴へと向かった。船は、日の丸を高く掲げ、巴旗を立て、波を切って、道の島々を進んだ。しかしこの先、倭国をうまくやっていけるのか？　不安でならなかった。

途中、黒い崖の上に、奄美のうなりたちの姿が見えた。

みんな、手を振っていた。

お世話になったことを思うと、胸が痛い。

姫子が伊平屋に着くと、島中が沸き立って迎えた。

しかし、
いよいよ、沖縄本島を東回りに、平安座島を目指すことになる。

私は、このように想像し、神の子姫子を『卑弥呼コード　龍宮神默示録』で書いた。

その中で、姫子が、島の女たちに迎えられ、世直しの成功を祝って祝杯をあげている情景を描いた。だがそれは、実際に姫子が来たことを伝えた歌「赤椀の世直し」の神歌が、久高島をはじめ、沖縄本島と周辺離島に残されていたからである。

例えば、次の歌がそうであった。


正月グエンナ「国ぬはじまりぬ」（うるま市平安名の神歌）

国ぬ始まりぬ　正月ぬ始まり

国ぬ親うんちけーち　邑ぬ親うんちけーち
ヤマトから下たる　赤椀ぬ世直しに
中盛らちうさぎりゆ　端盛らちうさぎりゆ
ヤシルから下たる　黒椀ぬ世直しに
中盛らちうさぎりゆ　端盛らちうさぎりゆ

昔アマミチュが首里ぬ町登てぃる　那覇ぬ町降りてぃる
五刃鍬んくぬでぃる　七刃鍬んくぬでぃる
泉口探すてぃる　畦型や粘てぃる
黒土や堀い上ぎてぃ　赤土や堀い下ぎてぃ
白種やぬち放てぃ　蒔ち放てぃ
貫ち植いてぃ　差し植いてぃ　若々とぅ　青々とぅ
北向ちゅる枝みや　白銀花咲ちゅいる
南向ちゅる枝みや　黄金花咲ちゅいる
東向ちゅる枝みや　ガーラ玉生ゆいる
うぬ玉や誰に呉いゆが　国ぬ親ヌル神に打掛きり

国の始まりの国とは、倭及奴と大倭のこと。その二つの国の親ヌルである姫子をお迎えし、奈良の山戸から持ってきた赤椀に、お酒を盛り、世直しの成功を祝って捧げましょう。山城の国から持ってきた黒椀にお酒を盛り、世直しの成功を祝って捧げましょう、と歌っている。

ただ、ヤシルが、京都辺りの山城＝山代を指すのか、熊本の八代なのかは分からない。また、次に、海人たちが鍬を持って泉口を探し、土を耕し、作物の種をまき、五穀が実って、国が豊かになったと歌っているが、そこに、地域の代表のように首里那覇をあげているのは、後代の神女たちが付け加えたものと考えられる。

つまり、この神歌は、倭及奴の姉妹神たちが、倭国の世直しを忘れないために、歌い継いできた歌ということになる。

その女たちの願いが、最後の「ガーラ玉を国の親ヌルに掛けてあげよう」に込められている。ガーラ玉とはマガタマのこと。また、親ヌルとは、トートーメー姫子のこと。

そして、沖縄にはこの歌の他にも、姫子が、日子と讃えられたことを示す歴史的証拠が、数多く残されていた。

例えば、日子を「てぃだこ」と呼んで、歴代の琉球国王は、倭迹々日百襲姫の意思を継ぐ日子と讃えられた。浦添市は今でも、浦添グスクを拠点に活躍した英祖王を讃え、毎年「てだこ祭り」を行っている。また、首里城でも、「百襲詣り」と称する日子を讃える行事を、復活して行なっている。

その上、首里城正殿を「百襲殿」とも呼ぶのであった。

また、日子は「てぃらじゃ」とも呼び、珊瑚礁の浅瀬で採れるマガキガイを「てぃらじゃーんな」と呼んでいる。美味で、味噌炒めが好まれている小ぶりの巻貝だが、漢字では「日子蜷」であり、それはゴホウラ貝の「てるこんにゃ」と同じ、姫子にちなんだ「日子蜷」ということである。

また、日子を「ヒジャ」とも呼ぶので、読谷村の比謝川や比謝橋は、姫子を記憶した川や橋ということになる。それに、比嘉という地名人名も「ヒジャ」と読むので、日子にあやかった名ということになる。

姫子の外交

＊二一一年。姫子三十三～三十四歳。

倭及奴から戻った姫子は、宇佐、北部九州、出雲、大丹波経由で、奈良に戻るが、その時、大丹波から弟を連れて、宮中に入れる。

＊二二〇年。姫子四十二～四十三歳。

曹魏建国。中国が、魏・呉・蜀の三国時代となる。

＊二三九年。姫子六十一～六十二歳。

姫子は、魏の皇帝に使者を送る。男の生口四人、女の生口六人。貢物に、班布二匹二丈。十二月。魏の明帝が、姫子あて詔書を出す。使者への返礼として、姫子に「親魏倭王」の称号を与え、そのしるしとして金印と紫綬を授ける。また、生口などのおかえしに、赤地の竜の模様のある錦五匹、赤地の毛織物一〇張、茜色の布五〇匹、紺青の布五〇匹を与えた。さらに、紺地に曲線模様の錦三匹、細かいまだら模様の毛織物五張、白絹五〇匹、金八両、五尺の刀二口、銅鏡一〇〇枚、真珠と鉛丹を五〇斤づつ与えた。そして、「これら全てを倭国の人々に見せ、魏の皇帝が女王をいつくしんでいることを知らせるようにせよ、このためにこそ、お前の好きな物を、特別に与えたのである」との詔書を送る。

これが、姫子が初めて魏の皇帝に送った使者と贈り物で、また、それに対する皇帝からの返礼であった。しかしよく見ると、たった班布二匹二丈に対して、膨大な量の贈り物と金印と、外交上重要な詔書を、姫子は受けていたことになる。

よほど、生口の働きがよかったか。見逃せないのが、女の生口が多かったことである。それにしても、大変な返礼である。ただし、実際に贈り物を受けとったのは年明けての二四〇年、帯方郡の使者が倭国に届けたとのこと。しかし、やはり気になるのが、姫子に対する懐柔の意図があからさまだということである。おそらく、姫子は「竜の模様の錦」を見て、驚き、緊張したに違いない。「竜」即ち、「龍」と「龍宮神」とは相容れないからである。

＊二四三年。姫子六十六歳。

姫子は、二度めの使者を魏に送る。八人の使者生口と、倭錦、赤と青の混じった絹布、木綿の布、丹、木製の弓と短い弓矢を献上した。

このとき姫子は、より質素な貢物を送っている。だがそれは、軍事同盟を求める魏の要求をはぐらかすためであったと考えられる。木製の弓と、短い弓矢が、その緊迫した情況を物語っている。

＊二四五年。姫子六十七〜六十八歳。

姫子の態度に業を煮やした魏の小帝は、倭の最初の使者・難升米に、黄幢を与えることにし、帯方郡を通じて授けることになった。

ところで、この難升米だが、「奴《な》ヌ《ん》主《しゅう》前《めー》」の書き間違いのような気がしてならない。黄幢とは、軍の指揮に用いる黄色の旗のこと。それを、難升米に与えるとしたことは、難升米を利用し、魏の傀儡国を作ろうとしたのであろう。そのころの魏は、楽浪郡と帯方郡を置いて朝鮮支配を企んでいた。しかし、朝鮮人民はこの侵略を黙って受け容れなかったという。そこで、倭国が朝鮮と手を結ぶことを恐れた魏は、その前に倭国と手を結ぶことを考えたようである。

＊二四七年。姫子六十九〜七十歳。

姫子は、帯方郡の大守に使者を送り、南の及奴国の男王と戦争状態にあることを報告させていた。そこで、大守は、張政らを使者として、詔書と黄幢を難升米に渡し、魏の皇帝との約束を果たす。しかし、龍宮神を守護神にする倭国は、いかなることがあろうと、魏と軍事同盟を結ぶことなどできない。そこで、姫子は悩み、及奴国と戦争状態にあると報告させたことになる。それは、信仰をめぐる対立であったが、しかし、その頃になると、すでに弟までもが、姫子を裏切る状況になっていたようである。

＊二四八年。姫子死す。

帯方郡の張政が倭に着いたとき、姫子はすでに死んでいたという。姫子のために、直径が百余歩もある大きな塚が、造られたとのことだが、しかし、その場所が、箸墓なのか？は、分からない。魏志は、その時、殉死させられた奴婢は百余人にのぼったと記していた。だがしかし、この記事は信じられない。命を大切にする倭国で殉死はありえないからだ。あったとすれば、張政の命令で、弟がやったかもしれないということ。だいたい、このあたりの記述は、百余歩とか、百余人とか、大雑把で、信用できない。

そこで男王をたてたが、国中が従わなかったという。その男王は、勿論、弟であった。しかし、女たちが騒ぎだしたため、一族から壹与という十三歳の娘を立てたところ、国中が、やっと治まったという。そこで、新しく倭王となった壹与は、使者に張政らを帯方郡まで送らせ、ついで魏の洛陽まで行かせて、男女の生口三〇人、真珠五〇〇〇孔、青い大きな曲玉二枚、錦の織物二〇匹を、貢物として献上したという。

以上を伝え魏志は終わっているが、姫子の夢だった平和な国の終焉を見るのは、やはり寂しい。あれほど龍神を忌み嫌い、決して、貢物に曲玉を入れなかった姫子であったが、壹与は、曲玉二枚を、いとも容易く魏に献上したのであった。

第七章　不滅の「琉球文明」

ヒミコの死後、弟・大波命が倭国の実権を握り、自ら王の座に着こうとした。しかし、女たちに騒がれ、仕方なく十三歳の孫娘の壹与に女王の座を継がせた。大波命には、壹与の母おぬいの他に、淡夜別《あわやわけ》、彦太忍信《ひこふつおしのまこと》、大毘古《おおびこ》の三人の息子がいた。淡夜別と竹野比売《たかのひめ》との間に男の子が生まれると、大波命は、壹与を祭祀用の飾り程度に考え、いずれ、朝廷を継ぐのは淡夜別の息子と決めていたようだ。そこで、孫の名を日子坐王《ひこいますみこ》とし、実質的な天照大神の後継者は日子坐王であると、誰もがそう思っていたという。

ところが、その頃、日子坐王の父淡夜別のもとへ、色仕掛けで近寄ってきた女がいた。女とは、朝鮮の任那から渡来した南朝ユダヤ族の娘であった。

南朝ユダヤ族とは、紀元前七二二年にイスラエルを追われた北朝ユダヤの十支族とは別支族で、紀元前五八六年に、新バビロニアに滅ぼされたユダヤ王国の二支族の中の一部であった。彼らは、七〇年後にペルシャに救われイスラエルに帰国したが、紀元四四年にローマに滅ぼされ、再び国家を失い世界各地に離散した。その一部が、ペルシャで蓄財した財宝を持って、日本に渡来したとされ、それが、三世紀後半であったという。

福岡の沖ノ島や奈良の正倉院に、ペルシャ由来の宝物が見られるのは、まさに、歴史を語っていることになる。

その南朝ユダヤ族が、淡夜別のもとに、女をさし出してきた。名も伊香色謎《いかがしこめ》と呼ばれ、周りからも、いかがわしい色女と見られていた。そうこうするうちに、女に男の子が産まれ、しかも、その子が成人すると、おとよの入婿になってしまった。そこで、任那からきた血族の男が入婿したとのことで、ミマキイリヒコと呼ばれ、騒がれたが、しかし案の定、財力にまさる南朝ユダヤ族が朝廷を仕切るようになり、その男が、暴虐を極めるようになった。

とうとう、竹野ひめと息子の日子坐一家は奈良を追われ、やむなく、丹波に移り住む。そこで、日子坐王は、倭及奴との交易を復活させ、丹波王朝の復興に尽力したとのことである。そして、彼は実際に倭及奴を行き来したらしく、周りからも浦嶋子とも呼ばれていたという。日子坐は、後に、浦島太郎のモデルとなった人物だが、それでは、沖縄の何処かに彼の来た痕跡があるかというと、実はそれらしい所があって驚いた。

それは、沖縄本島南風原町与那覇での話であった。部落に、「ウサンシー」と呼ばれる祠があるが、そこを拝んでいる一族が、「自分たちは、浦島太郎の子孫である」というのであった。しかし、それが、何故そう伝えられているのか、誰も知らないという。逆に、教えて下さいと来た。そこで、考えられることは、「ウサンシー」は、「サンの子」、即ち、龍宮神の子孫の意味であること。従って、それは、龍宮神を大切にした浦嶋子の子孫と同じ意味なので、浦島太郎の子孫と言ってもいいだろうと話した。

昔、首里城下の南風原町は、与那原の海が近くまであったという。日子坐が来た可能性は、充分に考えられる話である。

その日子坐＝浦嶋子を祀っているという浦嶋神社が、京都の丹後半島伊根町にあった。縁あって、神社の創起一二〇〇年祭を祝い、琉球舞踊を交えてコンサートをしたことを思い出す。境内に、特設ステージが設けられ、大勢の友人知人で賑わった。宮司の宮嶋さんには大変お世話になり、秘伝の玉手箱や、浦嶋物語の歴史を語る貴重な絵図を見せてもらった。子供の頃に夢に見た龍宮城と浦島太郎の話であったが、おとぎ話の現実に、驚くばかりであった。

それにしても、古代丹波王朝の竹野ひめや日子坐王や丹波道主《たんばみちぬし》を知ったのは、京丹後市在住の主婦タニヰヱミコさんの著書、『二千年　甦れ丹波のロマン』を読んでからであった。詳しくは『卑弥呼コード　龍宮神黙示録』の六章をお読み頂ければと思う。タニヰさんは、五十二歳の頃から、古の丹波王朝に関わる方々からの神示を受け、竹野ひめに憑依されるようになった方である。竹野ひめは淡夜別命＝開花天皇に娶られ、日子坐王を生んだが、日子坐の子の丹波道主からも、またさらに道主の子の朝廷別からも、神示を受けるようになったという。

それは見るからに、天照大神と深く関わった血筋からのメッセージとして受けられたようで、憑依されている時の声を録音し、再生した話を、書き記したという。

話というのは、淡夜別＝開化天皇に娶られ、寵愛された竹野ひめであったが、朝廷へ仕えることでとても苦労し、底意地悪い人たちに虐められ、さんざん泣いて天皇にお仕えしたとのこと。しかし、天皇はやさしく、おおらかで、平和な国を作ろうとしていた。そして、人の世は荒々しく、どんどん悪く変わっていったこと。そのことを、みんなに伝えて欲しいという内容であった。

つまり、竹野ひめは、くる日もくる日も伊香色謎に虐められ、泣かされ、その上、伊香色謎が男子をもうけると、その子が十代崇神天皇になったという。勿論、王を天皇と呼ぶ時代ではないので、伊香色謎が淡夜別の子ミマキイリヒコを生んだということであった。

しかし、そうなら、ミマキイリヒコにも川上一族の血が流れたことになるが、それは南朝ユダヤの血欲に負けたということなのか？

一方、竹野ひめの子日子坐王は、本来、王になるべきであったが、ミマキイリヒコに、王の座を阻まれてしまった。記紀では、その日子坐王と息子の丹波道主は四道将軍として丹波地方に派遣されたとなっているが、実際にはミマキイリヒコに追放されていた。そこで、丹波道主は父日子坐王の志を継ぎ、伊勢神宮の原点とも言える宮殿を丹波に建て、新しく倭国の中心を作ろうとしたようであった。だがしかし、政変の悲劇はこの辺りから始まり、それを、丹波道主の神示を受けたタニヰヱミコさんが、次のように記していた。

「国のみこほしにありて奉る。新しい宮を建て、住まいを建て、ある風を見て、空を見て、木々のざわめきを聞いて、静かなる土地に住まうことを喜ぶ。天の岩戸を作って、象徴をこしらえて、国の安泰を祈る。誓いの柱が立ち、八百万の神々の喜びを託宣し、決めた土地を捨てて人々は遠ざかる。悲しみにくれた。人々を止めることもできず寂しく、参る人も少なく、とても無念である。

伊勢神宮は、ここが原点。それを世に伝えたい。無念、悔しくて、そしてこれから生まれてくる人々に託した。日の目を見せてほしい。私は、何かに反対して権力争いになり殺され埋められた。

累々と積み重なった屍と土の山、道しるべのある場所、それらをあなた方は、かき分けかき分け進んで行った。それはあなた方に知らせて、この世に日の本のかたちを現すことで、この国を平らかにするために、かの土地にて世に現れたいのです」

（タニヰヱミコ『二千年　甦れ丹波のロマン』あまのはしだて出版、二〇〇四年）

何とも酷い仕打ちとしか言いようのない告発である。丹波道主が「権力争いで殺され埋められた」ということは、ミマキイリヒコの軍隊に殺されたということである。しかも、道主の無念はそれだけではなかった。彼の娘たちまでもが奈良に連れ去られ、ミマキイリヒコ＝崇神の息子である十一代垂仁の嫁に充てがわれ、そして、誰も来なくなった、寂しい、と、道主は訴えているのである。

いわゆる、四道将軍による龍宮神信仰弾圧の嵐が吹き荒れ、また、それに対する女たちの抵抗も激しかった頃であった。手を焼いたミマキイリヒコは、川上一族の血を引く道主の娘たちを嫁にすれば、女たちが騒がずにすむとでも思ったか？　哀れ道主は、娘たちをさらわれたあげく、殺され、埋められてしまったという。

思えば、その政変から日本の不幸は始まったことになる。が、しかし、当時、男の暴虐に気をつけよと歌われていた歌が、これまた古事記に載っているので、驚いた。多分、編者が意味も分からず載せたのであろう。その歌は、「タケハニヤスの反乱」という、崇神の項に載っている少女の歌であるが、大変重要なので紹介しておきたい。

御真木入毘古はや、御真木入毘古はや
己が緒を　盗み殺せむと
後つ戸よ　い行き違い

前つ戸よ　い行き違い
窺はく　知らにと
御真木入毘古はや

ミマキイリヒコは、自分に都合の悪い者を殺そうとし、後ろの家、前の家へと行ったり来たりしているよ、そういう者が隠れていないかと尋ね歩いているよ、それが、ミマキイリヒコだよ。と、警告しながら、少女は歌っている。がしかし、これは奇跡と言う他ない。もしも、その時にその少女が歌っていなかったら、また、その歌を古事記の編者が記していなかっとしたら、この時空を超えた歌は、確認できなかったことになる。

早速、思い浮かぶまま歌ってみると、ミマキイリヒコに対する当時の女たちの警戒していた様子が見える。つまり、この少女の歌った歌は、四世紀に起きたミマキイリヒコの政変から、「まつろはぬ民」の闘いが始まったことを告発した、重要な証言であった。しかも、この歌が、古事記の崇神の項「タケハニヤスの反乱」に掲載されたことで、余計に背景が見えるのであった。

当時、山代の国を治めていたのが、ミマキイリヒコの庶兄にあたる「健はに安」であったという。その庶兄に、謀反ありの疑いをかけ、軍隊を派遣し、良民もろとも惨殺して川に浮かべた事件、それが、「タケハニヤスの反乱」であった。詳しくは、『卑弥呼コード　龍宮神黙示録』に記したので省くが、しかし、この「健はに安」が何者かが分からない。そこで、ふと思い浮かんだのが、「健」は、川上一族がよくつける名であるということ。だとすると、「健」とは、川上健のことで、撥ね安い山代の健と見下し、「健撥ね安い」とそう呼んだということか？

もし、川上健がミマキイリヒコの庶兄なら、丹波《たんば》道主《みちぬし》とは腹違いの兄弟であった可能性がある。すると、この川上健は、山代《やましろ》大筒木《おおつつき》真《ま》若《わか》王《のみこ》と讃えられた、鵜殿一族の王に比定される人物だったことになる。

大筒木とは大月の当て字で、つまり「大月《おおつきの》真《ま》若《わか》」と呼ばれていたようである。一方、丹波道主は「川上《かわかみの》真《ま》稚《わか》」と讃えられ、丹波王朝初代王で山陰道因幡まで治めていたという。この二人は、真若、真稚が示すように、やはり、異母兄弟か、それに近い関係であったことは、間違いない。

ところで、丹波道主とは妙な名前に思われるが、実際は、丹波《たにわ》比《ひ》古《こ》多《た》多《た》須《す》美《み》知《ち》能《の》宇《う》斯《し》王《のみこと》という、意味のある名前であった。それは、ウチナーグチで読まないと理解できない当て字で、「丹波の日子を正し、道を直す王」の、その「道直し」が、道主の意味だったのである。

この二人の川上の異母兄弟が、「真若・真稚」と讃えられ、人々から信頼され慕われていたことは、想像できる。逆に、二人とも、ミマキイリヒコにとっては、邪魔な存在であり、二人とも惨殺されたことになる。だがしかし、タニヰヱミコさんが受信したメッセージのように、古事記が「健ハニヤスの反乱」に記したように、ミマキイリヒコによる残虐極まりない殺戮行為が、その後の日本に甚大な不幸をもたらした事実は、永遠にこの宇宙から消えることはない。

第八章　甲骨文字による検証

届いた甲骨文字

この春先に、敬愛する書家・豊平峰雲先生から、待望の封書が届けられた。それは、甲骨文字の中に、邑、巴、大、山、三、土、犬などの文字があるかどうか、知りたい旨を話したところ、「私が探してあげましょう」と、約束して下さったものだった。

恐れ半分、期待半分、封を開けた。もし、期待通りの報告でなかったら、これまで書いてきた龍宮神信仰と奴人に関する論拠を、全て、失うことになる。

意を決して、峰雲先生手描きの報告に、目を通した。

それは、次のようであった。

二〇一八・三・六　豊平峰雲、調べ。

参考書、字統・(白川静)。字訓・(白川静)。

邑

1

2

3

音読み・ユウ（ウチ）。
訓読み・都《みやこ》、まち、むら。
＊口と巴とに従う。
＊口は都邑の外郭をめぐらしている形。
＊巴は、卩（セツ）が本形で、人の跪居《ききょ》（ひざまずいているさま）するさま。城中に多くの人のあることを示し、城邑・都邑をいう。

卩（㔾）

1

2

音読み・セツ。
訓読み・ひざまずく、しるし。
＊**象形**　人の跪坐《きざ》する形。㔾《セツ》も同じ。

【感想】

先ず、甲骨文字に「邑」があったことに、感謝した。

それは、『佐賀・徐福国際シンポジウム２０１５』資料の中の、「紀元前二〇〇〇年の黄河流域には、既に農耕集落「邑」が発生していた」との報告が、真実だったことになる。これまで「邑」は、「巴」に支えられた領域、即ち、ジュゴンに加護されたエリアを表わしていると考えてきたが、それが、否定されずに残った。しかも、「加護されたエリアは四角でも丸でも何でもいい」と思っていたが、それを証明するように、巴に丸を乗っけた字まであった。

また、「巴」の甲骨文字が、人の膝まづいたさまを表わしているとの説明だが、確かに今も変らぬ祈りの姿に似ている。

また、「口と巴に従う」との説明は、真摯に、龍宮神に従うようにとの教えに思われる。

そして、「巴」の本形だとされる甲骨文字の「卩」についても、確かに、人が跪坐している形に見える。しかも、「卩」そのものが、ジュゴンを表す単純な象形のようにも見える。

そこで気がついたのが、南西諸島では月々に決められている祭日を、「節」、あるいは、「節日」、または「節祭り」と呼んでいることである。西表島祖納の「節祭り」や、多良間島の「節大中」が、その例だが、ということは、この「節」は「卩」が大本で、島々の節日が、龍宮神を祀るための特別な日として、設けられていたことになる。

思えば、生を受けて七十数年、この「シチビ」の意味が分かったのは、今が、初めてであった。しかも、「卩」が本土にも伝わり、「節句」や「節分」や「季節」の「節」になっていた。そして、もう一つ思い出したことがある。子供のころ、平安座島だけに語り伝えられていた「シチ」の話である。「シチ」は魔性のもので、「もし、白昼、海を眺めている人や、干潟にいる人が、突然、沖に向かって歩き出したら、それは『シチ』に呼ばれている。そのような人を見たら大声で呼び止め、引っ叩いて目を覚ましてあげなさい。もし、シチに出合ったら、『お前はシチだ、俺はハチだ』と呪《まじな》なさい。そうすれば、助かる」と、大人からまじめに教えられたものである。ところが、そのシチとは何なのか？　正体は、分からずじまいであった。それが、甲骨文字の「卩」から、シチがジュゴンであったと分かり、正体を見ることができた。確かにジュゴンは、魔性の魅力をもつ神獣かもしれない。

大

1

2

3

音読み・ダイ、タイ。
訓読み・おおきい、さかん、すぐれる。
＊象形　人の正面形に象《かたど》る。天は大なり、地は大なり、人もまた大なり、故に大は人の形に象《かたど》る。

＊老子は、道は大なり、天は大なり、地は大なり、王もまた大なり。
＊金文の大保の器には、大を特にすぐれた体格の形にするものがある。広大、長大、多大など、すべて盛大《せいだい》の義に用いる。

【感想】

私は、待望の甲骨文字である「大」を目にして、一瞬、落胆した。今の今まで、「大」は水面から頭を出している人、即ち、ジュゴンを抽象化して描いた字とばかりに思っていたが、それが違っていた。どう違ったかというと、ジュゴンの正面形、もしくは、背面形そのものであった。例えば、琉球舞踊の基本形、あるいは、能の基本形、または空手の基本形に見え、両の腕を構えた文字の形は、紛れもない、ジュゴンの姿を素直に表わした字体であった。

私は、現代漢字の「大」から水面説を思いつき、龍宮神信仰の歴史をここまで辿ってきた。しかしそれは、誤解にもとづく探求であった。ところがそのお陰で、甲骨文字の「大」にたどり着くことができた。そして「大」が、ジュゴンそのものを模して描かれていたことを知った。また、「大」を確認できたことで、古の祖先たちの生きていた証が、目の前に展開されて見えた。この、甲骨文字の「大」が、今までの歴史を見直す上で、重要であることは間違いない。解説では、春秋時代の老子でさえ、かつて中国で、ジュゴンが「大いなるもの」つまり「うふう」として信仰されていたことを、全く知らないようすである。

山

1

2

3

音読み・サン、セン。

訓読み・やま。

＊**象形**　山の地表に突出する形に象《かたど》る。

＊山は雲気《うんき》を生ずるところであるから、しばしば請雨《せいう》の対象とされ、古代の自然信仰の中心となり、嵩嶽のように、姜姓《きょうせい》諸族の祖神とされるような例もあった。

＊『山海経《せんがいきょう》』は古代の山嶽《さんがく》信仰を神話的に記述した、貴重な資料である。

【感想】

この「山」の字に関しては、期待した解説はされていない。甲骨文字の「山」を見て、果たしてそれらが常識的な「山」を象ったものかどうかさえ疑わしい。だがしかし、少なくともこの挙げられた三つの文字を見るかぎり、東海に浮かぶジュゴンの故郷「三神山」を描いているように見える。

②の文字は、海に浮かぶ島を表わすように、横線が下に引かれていること。③は、波濤に浮かぶジュ

ゴンの拠点を示して見えること。特に①は、「三神山」を象徴化した図のようであり、とても、山岳地帯の「山」を模したとは思えない。

これまで述べたように、「山」の字は、言葉の音声から理解すべきだと思う。「山」の音読みは、サン、ザン、センであり、それは、ジュゴンの呼び名と同じということである。即ち、「山」は、ジュゴン信仰の拠点「三神山」を表わし、山の信仰に支えられて、岳、嶽、嵩、などの字も生まれ、それが、日本の山岳信仰にまでになったということである。

三

音読み・サン。

訓読み・みつ。

＊横画三本を並べた形。細長い木などを用いた古い数とりのしかたを、そのまま字形に示したもの。

＊天地人の道なりをいう。一には道は一に立つ、二には「地の数」とあり、三においては、天地人の三才が備わるとするものである。

＊三は聖数とされ、その声義は、おそらく、参《さん》、纂《さん》など纘《あつ》めるという語と関係がある。

【感想】

天地人の説には無理がある。しかし、「三」が、聖数とされていたことが分かり、感動とともに多くの謎が解けた。その声義は、当然ジュゴンの「サン」から生まれたことになる。つまり、古代の祖先たちは、「始めに言葉ありき。言葉は神なりき」の言葉通り、「サン」の響きを聖なるものとして、考えていたことになる。即ち、神獣ジュゴンを指した「サン」から、「三」が聖数とされ、またそれが、東海に浮かぶ「三神山」への憧れにもなった。そして、陰暦三月三日を聖なる日として、龍宮祭を行うようになった。さらに、南西諸島の神女たちが、すすきを三本束ねて「サン」を作るのも、巴紋を三つ合わせて「三つ巴紋」にしたのも、三個の石を置いて「火ヌ神」としたのも、また、楽器「サンシン」の弦が三本で、神器としてきた理由も、琉球王国が、三司官の役人を置いたのも、これら全てが、「三」を聖数とする伝統の上にあったということである。

そして、さらには、イエスキリストの生誕劇にも、東方から三人の賢者が現れ祝福することもそうであった。それは、ユダヤ民族が、「三」を聖数とする奴人の教えを、倣っていたからであろう。また、大乱後の倭国を治めたヒミコが奈良の三輪山を御神体にし、大神神社に三つ巴紋を掲げ、奥に三つの鳥居を建てたのも、中国殷周時代からの教えを踏襲していたことになる。しかも、大神神社の「大神」とは、龍宮神サンを指しているということであった。

犬

音読み・ケン。
訓読み・いぬ。
＊**象形**　犬の形。
＊金文では、員鼎《えんてい》に、犬を執《と》らしむとある。
＊近出の中山王墓には、金銀製の首輪をはめた二犬が埋められていた。

1

2

3

4

5

【感想】

「犬」は、「大」に点を付し、ジュゴンを信仰している人を表わした字というのが私の考えだが、それに符合するのが①であり、そして、⑤であった。①は、「大」を崇拝し、膝を曲げて服従するようすを表わしている。また、⑤は、「大」の又に点を付け、「犬」が産まれているようすを表わしている。残り②③④は、ペットの狗を表わしたものかどうか？が分からない。金文に「犬を執らしむ」とあるが、その「犬」とは「狗」ではなく、人のことではなかったか。

土

音読み・ド、ト。

訓読み・つち、くに、ところ。

＊**象形**　土をまとめた地主神の形。これを社神とする。地中よりものを生み出す形とする。

＊わが国で、新しい開墾の地に神社を迎えるのと同じ。土とはそのような経営地をいう。

＊土は社主、社の支配する領域を土《くに》という。

【感想】

①と④は、浄土、楽土を表す「土」であり、正しく、大地に立つ十字架である。紀元前二〇〇〇年の黄河流域には、既に、農耕集落の「邑」が発生し、浄土、楽土を願って「土」の字も生まれていた。「土」は、領土、国土を表す。そして、この「土」の守り神としたのが、サンと呼ばれたジュゴンであった。このような祖先による信仰の始まりが、「邑」や「大」の甲骨文字からも、確かめることができた。また、「土」の守護神サンを祀る「社」もできていた。即ち、「神社」を中心にした村社会ができ、生活が安定するようになった。やがて、それが都市国家へと発達し、ついには、

殷王朝・周王朝の誕生を見るに至る。そのことが、甲骨文字によって、より明らかになった。しかし、その後、中国は春秋時代を迎え、奴人の多くが南西諸島へ里帰りしたことになる。そして、さらに北上し、本土にも移り住むようになった。その時に原始的な「社」も移動したことになるが、当然その「社」は、三世紀のヒミコの世直しによって、明確にジュゴンを祀る「神武社」となり、「神社」になったということである。しかし、南西諸島では、神屋や御嶽が、最も古いシンプルな「社」の形態のままで残っていた。そこで気になるのが、「土」を表す甲骨文字③の存在である。「土」の領域を示すその上に、三個の点が付されているが、それは一体、何を意味しているのか？ということである。もしそれが、「天の神、地の神、龍宮の神」の三神を表しているのであれば、それは、火ヌ神の三個の石を表わしていることになる。三個の点を別の言葉で言えれば、「ヒャー神・アラ神・龍宮の神」である。黄河流域にいた奴人の祖先たちは、その三個の点を印しながら祈りを捧げていたことになるが、その頃の宇宙認識と神概念が、今も南西諸島に存在することに驚く。

余談になるが、もし、三個の点が火ヌ神なら、太安万侶が古事記を編纂する際に聴き取りした稗《ひえ》田阿礼《だのあれ》が火エタであったとすると、七世紀の天武天皇の頃は、まだ、火ヌ神を拝むエタがいたことになる。その火エタから神武の話を聞いた太安万侶らは、神武の意味が理解できないまま、神武東征を記したのかもしれない。しかも、そのときの火エタのアレが男か女か分からないというから面白い。

さらに遡って、六世紀の欽明天皇のとき。まだ仏教を受け入れるかどうかと迷っていたが、試しに仏像を礼拝させたところ、国中に疫病が流行り、災害が続いたという。すると、「これは、鴨大明神の祟りである」と人々が騒いだために、国つ神の怒りを鎮めるための祭りを行ったという。それが、京都の葵祭の始まりであるとのことだが、ということは、六、七、八世記の本土には、まだ、火ヌ神や龍宮神を拝むユタやエタが、しっかりと存在していたことになる。

一方、黄河から「土」と「サン」の話を西方に広めたユダヤ民族も、大地に立つ十字架を聖なる象徴と考え、そして、「土」の守護神サン・ジュゴンを、幕屋の守り神として大切にしていたようであった。また、平和に生きるため教えは、モーゼによって「十戒」にまとめられ、前一〇一二年頃、カナンの地にイスラエル王国を建設するに至る。

ユダヤ民族は十二支族があったが、前九二六年には北朝イスラエル王国の十支族と、南朝ユダヤ王国の二支族とに分裂してしまう。

ところが、北朝イスラエルは、前七二二年に滅ぼされ、十支族は国を失い、その後消息を絶つ。それが、消えた北朝ユダヤ十支族の謎であったが、その謎を解く鍵が、『佐賀・徐福国際シンポジウム２０１５』の報告集の中にあった。特に、「黄河流域における殷周時代の歴史」と、また、特別寄稿の「徐福」に関する論文等を読み、南西諸島の奴人と中国の歴史とが、深い関係にあったことを知る。特に嬉しかったのは、既に、前二〇〇〇年の黄河流域に農耕集落「邑」が発生していたとである。それによってユダヤ民族の宗教に影響を与えたのが、奴人の教えとサン・ジュゴン信仰であったことが分かった。また、そのことが、甲骨文字でも明らかになった。

今、私は神に感謝する。まさか、漢字のルーツ、表意文字のルーツに、我々の祖先の龍宮紳信仰が関わっていたとは、実に、驚く他はない。全ては、導かれてここまで来たように思う。今度こそ、平安座島の西グスクに登り、全てに感謝しなければならない。そして、祖霊たちにも感謝したい。また、これまで支えてくれた藤原良雄さん始め、私の家族や、GGSの佐藤雅之さん、そして、ジュゴン保護活動を共にしてきた蜷川義章さん、吉川秀樹さんと仲間たち。9条連や漢拏山の会の長田勇さんや仲間たち、そして、三好龍孝さん。簗島成子さんとラ・メールの皆さん。豊平峰雲さん、ヒゴマサヒロさんをはじめ、音楽を共にしてきた多くの友人たちに感謝したい。そして、導いてくれたヒミコに感謝である。ヒミコは、大丹波王朝の川上一族の娘であった。こどもの頃、島の神女たちのその向こうに、ヒミコの姿を見たように覚えている。あれは白昼夢だったのか。毎年、旧正月の三日は、島中の門中が集まって「ゆさんじがー」の聖水を額に印す日であったが、私は、決まって川上門中と一緒だったことを思い出す。

空海の謎

最後に、空海について、どうしても述べておきたいことがある。

広辞苑によると、彼は、「平安初期の僧。日本真言宗の開祖。讃岐の人。灌頂号は遍照金剛。初め大学で学び、のち仏門に入り四国で修行、八〇四年入唐して恵果に学び、八〇六年帰朝。京都の東寺・高野山金剛峯寺の経営に努めたほか、宮中真言院や後七日御修法の設営によって真言密教を国家仏教として定着させた。また、身分を問わない学校として綜芸種智院を設立。詩文に長じ、また、三筆の一人。著『三教指帰』『性霊集』『文鏡秘府論』『十住心論』など。諡号は弘法大師。(七七四〜八三五)」とある。

日本の仏教界で、これほどの成功者はいないといえる空海である。しかしその彼が、如何なる理由で龍宮神信仰を迫害し、また、人々に、真言密教を押しつけることができたのか? その自信の根拠が分からない。たった二年の唐留学で、如何なる秘密を見つけたのか。帰朝するやいなや、唐から投げた独鈷《とっこ》が、高知県と和歌山県に着いていたという。誰が考えても嘘に決まっている話だが、しかし、その嘘に始まった話から、彼は大和朝廷の体制護持に尽くし、手柄をたてた。だが、そのような嘘の上の真言が、果たして、本当の真言になり得るのか? いや、真言のはずがない。少なくとも、空海のとった行動と教えは生命と平和を大切にすべき仏教に反して見えるし、また、特に般若心経の教えにも反し嘘が多すぎる。なのに、彼は般若心経を積極的に教え、真言なるものの正当性を主張したという。しかし、それが何故できたのか？　いくら考えても分からない。

ならばと思い、今一度般若心経に目を通して驚いた。確かに、佛説摩訶般若波羅蜜多心経の中に、「是大神呪《ぜだいじんしゅ》、是大明呪《ぜだいみょうしゅ》、是無上呪《ぜむじょうしゅ》、是無等等呪《ぜむとうどうしゅ》」の四つの呪が説かれている。しかし、これは、どうひっくり返っても、「ジュゴンを呪いなさい」という意味にしか読めない。ということは、空海はこの「呪」を利用し、教えたということか？　いや、しかしその前に、そもそも般若心経が「ジュゴンを呪いなさい」と説く必要があるのか、ということである。「呪」の元の字は「咒」である。本来の般若心経では、この「咒」が用いられている。「咒」は、神に祈るときに念じる言葉のことで、「まじない」とも言う。即ち、祝うときの感謝のまじないと、呪うときのまじないとに意味が別れる字である。空海は、あえてそれを「呪」としたことになるが、果たして、意図的に「呪」を用いたというのか？　もしそうであるなら、彼は言葉を詐術した確信犯ということになる。

ならば、般若心経は、元来呪うことを目的にして「咒」を用いたのかと言えば、そんなはずはない。わざわざ「大神を呪いなさい、大明を呪いなさい」と説く必要など全く無いからだ。むしろ、「大神に感謝しなさい。大明に感謝しなさい」、そして、「これ以上の教えはない」「古の教えに感謝して祝いなさい」と、説いているように読める。それは、「大神呪」より少し手前の「究竟涅槃三世諸佛」の「三」、「得阿耨多羅三藐三菩提」の「三」の字が、甲骨文字の「三」と同様、「三」が聖数として用いられているのを見ても分かる。明らかに、三神山思想、即ち、サン・ジュゴン信仰が、中国社会に根強く残っていた証と思って間違いない。しかも般若心経は、ユダヤキリスト教と共に西欧に広がったサン・ジュゴン信仰が、哲学的反流となって大乗仏教に姿を変え、中国に進出してきたことを意味しているように見える。その過程で般若心経の知恵が生まれ、整理されたことになるが、その証拠に、イエスキリストの名残り「舎利子」が、ときおり顔を出す。即ち、「舎利子」が「キリストの子」の意味に読めることから、「全ての人が神の下で平和に暮らす」ことを願ったイエスの教えが、般若心経に込められ、さらに、大乗仏教に姿を変えて、現れたということである。「舎利子」の「舎」を、「吉」と「人」に分解し、「吉利人子」に並べ変えると、「キリストの子」と読める。このように、四世紀の唐の時代に活躍した鳩摩羅什や、七世紀の玄奘の知恵が込められているると思われる般若心経だが、その中で、「大神を呪いなさい」と教えることは、大乗からしても、また、当時隆盛した景教・ネストリウス派キリスト教の教えからしても、ありえない。何故なら、これらの教えのルーツが奴人の絶対平和主義にあり、大神信仰、即ち、サン・ジュゴン信仰にあるからである。

しかし、空海は、「咒」が「呪」の意味を含むことを知った上で、それをあえて利用したことになる。そして、般若心経を後盾に、各地で抵抗する神女たちの大神信仰、サン・ジュゴン信仰、即ち、龍宮神信仰を封印したのである。それは、鵜戸の洞窟を真言宗が支配している状況を見ても、一目瞭然であった。ただただ残念に思うのは、空海がそのような余計なことをしなければ、日本は、すでに、大琉球王国として完成していたかもしれないということである。

終章　続・おとぎ話

千年王国は来るか

「全ては、奴人の夢と努力に始まっていた。そして、中国大陸で、平和な理想社会を誕生させていた。それが奴人たちの殷王朝であり、周王朝であった。それに、イスラエル王国だって、そうだったんだ」

「そのあと、日本に倭国を誕生させたんだよね……」

「しかし、せっかくの倭国だったが、南朝ユダヤ族に奪われてしまった。奴人たちはそれでも諦めず、琉球王国を誕生させたことになる」

「ユダヤのことを、もう少し知りたい」

「奴人の教えを西方に広めたユダヤ人だったが、エジプト脱出後、しばらくしてダビデ王が現れた。紀元前一〇一三年には、エルサレムに王居を構え、ライオンの像を守り神にした。ウチナーンチュがシーサーを好きなのは、その名残りということになる。その後、ダビデ王からソロモン王に代わったが、贅沢が過ぎて、国民の反感を買った。その彼が死んだあと、北朝イスラエル王国と南朝ユダヤ王国の二つに分裂してしまった」

「なんで分裂したの?」

「ん〜、宗教に対する考えが、違ったからだ」

「?」

「ソロモン王の下で贅沢していたのが、南朝ユダヤ王国の二支族だった。彼らは、権力と財産を護るためには、戦争しても、神が許してくれると思ったようだ」

「そんな……十戒で禁じたのに?」

「そりゃ、モーゼが神と誓約して、十戒を定めたと嘘ついたからだ。誰だってそれを聞けば、自分たちは神に選ばれた民だと思うだろう。南朝ユダヤ王国は、そう考えた人たちがつくったことになる。自分たちには神がついている。だから、戦争して人を殺してもかまわんとな。そのような考えが、できてしまったということ……」

「じゃあ、それが、今の核問題や民族紛争や国際問題の言い訳につながっているってこと?」

「残念だが、そういうことだ。結局、戦争でたくさんのいのちを殺し、アメリカ合衆国も、現在のイスラエルもできた」

「でも、北朝ユダヤの人たちは、戦争しない国、イスラエル王国をつくっていたんだよね」

「そう、つくっていた。しかし、非暴力のため、紀元前七二二年に、アッシリアに滅ぼされた。そのとき多くの国民が殺され、残った人たちは虜囚になったが、しかし、その後、彼らは消息を絶った。それが、失われたユダヤ十支族の謎だった。だけど、その謎を解く鍵が、秦始皇帝と徐福伝説にあった」

「それで、始皇帝も、徐福も、やはりユダヤ人だったというの?」

「そうでないと、歴史のつじつまが合わない。とにかく、中国は、周王朝が滅ぶと、春秋時代の戦乱の世になった。力の強い者が軍隊を率いて、民を支配していた。そのため、龍や鰐が守護神とされ、龍宮神は排除されてしまった。奴人は、仕方なく大陸での国づくりを諦め、南西諸島に戻って、本土にも渡っていた」

「新しい、平和な奴国を作ろうとした……」

「そうこうするうち、中国は秦始皇帝の時代になった。丁度その頃、イスラエルを追われた奴人や委奴人《いな》、そして倭奴人《わな》も、徐福を先頭に中国に辿りついていた。これが、消えた十支族のうちの三支族だった。彼らは、代々伝えられた不老不死の薬と、仙人のいる故郷、東海に浮かぶ三神山を目指したことになる。そのことが、徐福の動きから読み取れた。紀元前二一九年というと、今から、二二三七年も前のことだ」

「で、徐福が、読谷に着いたというのは、ほんとなの?」

「間違いない。始皇帝の援助を受け、徐州の民を引き連れ、大挙して読谷山に着いた。そのことが、中国の史記から読み取れた。そこで、読谷を拠点にした徐福は、どうやら中国や丹波との交易を成功させ、蓄財に成功したようだ。七年後に、再び、始皇帝に会っているが、その時、残っていた委奴人倭奴人を自力で船に乗せ、今度は九州北部をはじめ、本土各地を目指したことになる」

「でも、そのあと、倭国大乱が起きたんだよね」

「一七八年から一八三年の五年間、倭国大乱が起きた。そのときに生まれたのが、邪馬台国の女王と騒がれたヒミコだった。ヒミコは、大丹波王朝の川上一族の娘だったが、七歳のとき両親が殺され、八歳から十二歳までは讃岐にいた。その後、倭及奴《わきな》に来ていた。倭及奴で、日と月と龍宮神の力を学び、教えを習得し、ついに、宗教指導者となって立ち上がった。そして、倭及奴のうないたちと共に、大乱後のヤマトを世直しして、倭国の百襲《ももそ》になった。倭国は大倭《うふわ》の国と呼ばれ、龍宮神を守護神とする神権政治の国だった。それは、かつて南西諸島の奴人たちがつくった中国の殷王朝、周王朝の伝統を継いだ、純粋な宗教国家だった」

「で、結局、南朝ユダヤ族に倭国を奪われた」

「そう、奪われた。平和であっては困る、平等であっては困る連中……それが、南朝ユダヤ王国の一族だった。彼らは、紀元前五八六年に新バビロニア王国に滅ぼされ、国を追われていた。バビロンの運河の辺りに移されたが、七〇年後にはペルシャ帝国に解放され、イスラエルに帰国した。しかしその後、紀元四四年頃にローマ軍に滅ぼされ、世界各地に離散した。そこで、その一部がペルシャの財宝を運んで、シルクロードを通り、朝鮮の任那から沖の島に渡って財宝を隠し、そして本土に渡ってきた。それが、ヒミコの死後、四世紀のトヨの時代に起きて、その後、倭国の政権を奪って支配するようになった。思えば、ユダヤ王国に始まった彼らの選民思想は、日本を不幸にしたばかりか、世界中に不幸をもたらす元凶になった。同じ宗教民族でありながら、欲に溺れ、神の教えに背いた彼らの罪は、永遠にこの宇宙から消えることはない」

「どうして？」

「宇宙は、三次元空間だが、四次元の時間局面0に閉じられ存在している。例えば、シャボン玉の表面の二次元局面が三次元空間に存在するには、常に表面張力が働いていなければならない。それと同じで、三次元空間も四次元の時間局面に存在し続けるには、常に三次元の宇宙空間に表面張力が働いていなければならない。つまり、宇宙には、表面張力があって、我々は存在しているということだ。だからこそ重力波もあり、スマホで通信ができ、全ての情報が波となって、永遠に伝わり続けることができる。しかし、それ故に、犯した罪は永遠に消せない。歴史を修正しても、美化しても、行為そのものが、そっくりそのまま伝わり続け、宇宙に存在することになる」

「怖いね、神の掟かね……」

「そう、神の掟だ。人間は、そのことに目覚めて、奴人の教えに戻るべきではないのか？　目覚めれば、千年王国を迎えることもできよう。王という字は、天の下の土、即ち、神の下の理想郷を指している。岡本太郎氏が言ったように、本土の人たちが沖縄に復帰したらいいんだ。そうすれば、琉球文明は完成するし、千年王国も迎えられる」

完

あとがき

本書を書き終えたのは、二〇一八年の一一月二九日。本のタイトル『琉球文明』の発見」は、藤原良雄さんに相談して決めた。

本書は、二〇一三年に出版した『卑弥呼コード　龍宮神黙示録』（藤原書店）の完結編である。いずれも龍宮神ジュゴン信仰の歴史を辿り、古代日本と南西諸島の関わり、そして現在に至るジュゴンと天皇制との関わりを通して辺野古新基地建設問題を考え、また、二〇〇三年以降係争中の米国での「沖縄ジュゴン訴訟」に役立てるために書いたものである。

しかし、『卑弥呼コード　龍宮神黙示録』で多くの問題点を指摘したものの、肝心な龍宮神信仰のルーツを古代に遡ることができず、また、ウチナーンチュの平和主義と、ユダヤ民族の十戒との関わりも、不明瞭に終わったことは残念だった。それでも、『卑弥呼コード　龍宮神黙示録』がダメだったという訳ではない。その頃の私は癌の手術をしたばかりで、いつ死んでもいいように、特に卑弥呼の歴史は、たたき台として残しておきたかったもので、それはそれで良かったと思っている。

だがしかし、内容が内容だけに、藤原さんが出版してくれなければ、おそらく、完結編である本書もなかったであろう。何故なら『卑弥呼コード　龍宮神黙示録』出版後、日蓮宗三好龍孝さんとの親交はさらに深まり、そのおかげで、彼から贈呈された資料によって『「琉球文明」の発見』を書き上げることができたからだ。

しかし、世界の三大文明の一つとされる黄河文明が、まさか、ウチナーンチュの祖先・奴人の宗教指導者たちによって生み出されたとは驚くべき発見であった。その中国における文明の誕生が「琉球文明のめばえである」とした理由の一つに、「琉球」の字に込められた意味があげられる。即ち、琉球とは、王が流れ求める理想郷を表わし、王とは天の下の土、即ち、大地に立つ十字架で、それは浄土を表す字だからである。よって、卑弥呼の治めた倭国も神権政治の琉球王国と同じ平和国家だったことが分かり、それ自体が新たな発見であった。

私は直感で「大」「邑」「山」の字が、龍宮神ジュゴン信仰を表わしていると気づき、もしかしたら中国の甲骨文字を調べれば、龍宮神を崇める信仰のルーツが分かるかもしれないと予想し、原稿を書き進めた。だがこの一年、名護市長選、地方議員選の選挙に追われ、特に、翁長雄志知事が二〇一八年八月に急逝し、一〇月の玉城デニー知事の誕生をみるまでの知事選が大変であった。オール沖縄側の県民集会、そして辺野古キャンプ・シュワブでの抗議集会と、時間のない日が続き、しかし、そこへ助け船を出してくれたのが、書家の豊平峰雲先生だったのである。もし峰雲先生が甲骨文字を調べてくれなかったら、『琉球文明』の発見」はなかったことになる。峰雲先生にはいつも助けられてきた。映画「GAMA—月桃の花」の題字も、映画「MABUI」もそうだった。二〇〇三年に藤原書店から出版した『真振』の表紙に白抜きで「MABUI」とあるのも、峰雲先生の字である。それにオペラやバレエの題字も、交響詩「ニライカナイの歌」も、交響詩「ひめゆり」もそうだ。「ひめゆり」は、友人のヒゴマサヒロさんの振り付けでバレエ作品になり、これまでも何度か上演された。嬉しいことに、ヒゴさんから「来年（二〇一九年）の八月頃、日本バレエ協会主催で『ひめゆり』をやります」との電話があったばかりだ。

書きながら、色々な発見があった。例えば、この「あとがき」を書いている今夜はクリスマスイブである。まさか、キリスト教と沖縄の信仰がこんなに近いとは、思いもよらない発見であった。サンタと猿田彦は一緒だったということだ。

今年、二〇一八年を表す一文字は、「災」。しかし、「災」で表せば、それで済むものでもない。東京オリンピックだって怪しい。「逃げろ逃げろ、スタジアムから逃げろ」という、ノストラダムスの詩篇が、気にかかる。晩秋の東京、神田明神で七五三の賑わいを見た。しかし、誰一人として、祭神が沖縄のジュゴンと卑弥呼であることを知らない。知らないでいることが人災の元だということを知らない。知らずに済ませてきた人災が、今まで、沖縄を苦しめてきたことを知らないのである。

大和《やまと》政府が沖縄に吹きつける邪風はほんとに臭い。確かに本土では、想定外の台風、豪雨、地震の相次ぐ一年であった。しかし沖縄では、安倍政権の常軌を逸した政治圧力で、辺野古新基地建設が強行されてきた。また、宮古島、石垣島、与那国島での自衛隊基地建設が進められてきた。日本国家による、やり損ねた琉球処分の完遂のつもりなのだ。

しかし、日本を泳がせ利用している米国も、大いに問題である。日米合意と言えども、辺野古基地建設は日本政府の都合で進められたもの。にも関わらず、米国はアイゼンハワー大統領が退官の際に発した軍産複合体肥大化への警告を忘れ、日本の甘い汁を吸い続けてきた。その過ちは許せない。結果、それが「災」となり、トランプ現象となって、米国民自らを苦しめている。

二〇一八年一二月一四日、日本政府は予告通り辺野古の海に土砂を投入した。聖なる海を汚した祟りは直にくるだろう。閣僚の顔は青ざめ、もはや玉砕の覚悟に見える。面白いのは、ロシアのプーチンが、沖縄の辺野古新基地建設に言及したことだ。日本の民主主義のレベルに疑念を呈し、いちゃもんをつけてきた。勿論、プーチンは、日本の天皇制の裏を知ってのことだと思う。そのロシアとの駆け引きを記者から質問された河野太郎外務大臣が「次の質問をどうぞ」、「次の質問どうぞ」とはぐらかし続けた。それだけこの国は八方ふさがりで、行き詰まっているということ。外交と防衛は国の専権事項と嘯き、これまで護ってきた国家機密だが、もう隠しようがないのではないか。

一二月一四日、土砂投入のその日、私は妻を連れ辺野古に向かった。昼、一時。辺野古の浜で緊急の抗議集会が開かれ、その中に、辺野古土砂搬出反対全国協議会共同代表の阿部悦子さんがいた。「いよいよ、闘いが始まりますね」「絶対に造らせないようにしましょうね」と握手。本土に闘う仲間がいることは、心強い。千人ほどの集会に悲壮感はなく、「勝つことは、あきらめないこと」と声をかけ合うのを見ると、安倍自公政権崩壊の始まりの予感さえする。

一二月二二日の琉球新報トップに、「大浦湾護岸工事二〇年度以降に先送り」との大見出し。防衛省が実施したボーリング地質調査で、大浦湾側の水深のある地点で地盤の強度を示す「N値」がゼロであることが確認されたからだ。

一二月二三日、天皇誕生日の沖縄タイムスのトップは、ワシントン特派員座安幸代さんのインタビューに応じた元ブッシュ（子）政権でパウエル米国務長官の首席補佐官を務めたローレンス・ウィルカーソン元陸軍大佐が、「在沖海兵隊に戦略的必要性ない」と言及。「気候変動や自然災害の影響が米軍施設に及ぼす損失への懸念が高まっており、（略）多額な費用を投じて海上に滑走路を造ることは『ばかげている』と強調した。日本政府が主張する在沖海兵隊の『抑止力』について『もろ刃の剣だ。抑止力の一方で、米軍の駐留は中国の軍事費を拡大させ、より強力な敵にさせる』と、軍事的緊張を高める要因になると指摘した」とあった。

つまり、安倍政権が主張する「普天間飛行場の危険性の除去」も「辺野古唯一が日米合意」との言い訳も、全てが沖縄県民や日本国民を騙すための虚言であったということ。また米国が「辺野古問題は日本の国内問題」と放置してきたことも事実だったということである。

最後に、本書を世に出した藤原良雄さんと、短期間に整理して頂いた担当の小枝冬実さん、応援して頂いた友人の皆さんに感謝したい。

日本が憲法九条を護れば、琉球王国のような平和国家になれる可能性は充分にある。

「チバラナヤーサイ！」（頑張りましょうね！）

海勢頭豊

著者紹介

海勢頭 豊（うみせど・ゆたか）

沖縄から沖縄問題と絶対平和を訴え続けるミュージシャン。1943 年沖縄県うるま市与那城平安座島生。18 歳よりギターを独習。代表的な歌に「喜瀬武原」「月桃」「さとうきびの花」など多数。映画「GAMA——月桃の花」を製作し、全国の中高校でロングラン上映中。各地での平和コンサート、オペラやミュージカル製作など、作曲、演奏活動は多岐にわたる。音楽活動の他にも「ジュゴン保護キャンペーンセンター（SDCC）」代表を務め、2008 年 10 月、IUCN（国際自然保護連合）の第 4 回世界自然保護会議のフォーラム会場でジュゴン保護をアピール。著書に『真振　MABUI』『卑弥呼コード　龍宮神黙示録』（藤原書店）等。

「琉球文明《りゅうきゅうぶんめい》」の発見《はっけん》

2019年 2 月10日　初版第 1 刷発行©

著　者　海勢頭　豊

発行者　藤原良雄

発行所　株式会社　藤原書店

〒 162-0041　東京都新宿区早稲田鶴巻町 523

電　話　03（5272）0301

FAX　03（5272）0450

振　替　00160 - 4 - 17013

info@fujiwara-shoten.co.jp

印刷・製本　中央精版印刷

落丁本・乱丁本はお取替えいたします

定価はカバーに表示してあります

Printed in Japan

ISBN978-4-86578-210-3

琉球の八賢人が語り尽くす！

これからの琉球はどうあるべきか

藤原書店編集部編
（インタヴュー）**大田昌秀**
（座談会）**安里英子＋安里進＋伊佐眞一＋海勢頭豊＋我部政男＋川満信一＋三木健**

沖縄の賢人たちが、今後の日本と沖縄の関係について徹底討論。従属でもなく独立でもない道を探る。
「日米開戦半年後、アメリカは沖縄の日本からの分離を決めていた！」（大田昌秀）

四六並製　三四四頁　**二八〇〇円**
（二〇一六年一月刊）◇978-4-86578-060-4

沖縄から日本をひらくために

真振 *MABUI*

海勢頭豊
写真＝市毛實

沖縄に踏みとどまり魂（ＭＡＢＵＩ）を生きる姿が、本島や本土の多くの人々に深い感銘を与えてきた伝説のミュージシャン、初の半生の物語。喪われた日本人の心の源流である沖縄の、最も深い精神世界を語り下ろす。

＊ＣＤ付「月桃」「喜瀬武原」

Ｂ５変並製　一七六頁　**二八〇〇円**
（二〇〇三年六月刊）◇978-4-89434-344-3

卑弥呼はヤマトの救世主だった！

卑弥呼コード 龍宮神黙示録

海勢頭豊

沖縄の聖域ウタキと日本の聖地との係りから、卑弥呼は沖縄の平和思想を広め、倭国の世直しをした救世主だったことを明かす。平安座島の龍宮神を祀る家に生まれた著者が、島の言葉やしきたりの謎を解いていくドキュメンタリーに、小説「神の子姫子の物語」を織り交ぜ、ヤマトが知らなかった卑弥呼の真実に迫る。

Ａ５並製　三七六頁　**二九〇〇円**
（二〇一三年五月刊）◇978-4-89434-916-2

琉球の死生観とは何か？

珊瑚礁の思考

〔琉球弧から太平洋へ〕

喜山荘一

奄美・沖縄地方の民俗（風葬、マブイ、ユタなど）が南太平洋の島々や日本本土の民俗と共鳴しながら示す島人の思考とは、珊瑚礁の形成とともに生まれた「あの世」と「この世」が分離しつつ自由に往き来できる死生観だった。文字を持たなかった時代の琉球弧の精神史を辿る！

四六並製　三一〇頁　**三〇〇〇円**
（二〇一五年一二月刊）◇978-4-86578-056-7

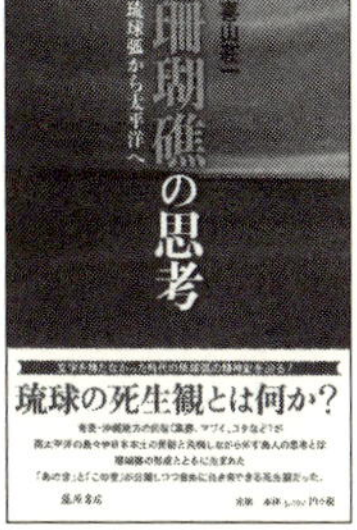

〝光州事件〟はまだ終わっていない

光州の五月

宋　基淑
金松伊訳

一九八〇年五月、隣国で何が起きていたのか？　そしてその後は？　現代韓国の惨劇、光州民主化抗争（光州事件）。凄惨な現場を身を以て体験し、抗争後、数百名に上る証言の収集・整理作業に従事した韓国の大作家が、事件の意味を渾身の力で描いた長編小説。

四六上製　四〇八頁　**三六〇〇円**
（二〇〇八年五月刊）
◇978-4-89434-628-4

文学とは、夢を見ること 反省すること 闘うこと

闘争の詩学
〔民主化運動の中の韓国文学〕

金明仁
渡辺直紀訳

韓国の民主化運動に深くかかわった高銀や黄皙暎の次世代として運動に携わり、八〇年代中盤から後半には、雑誌『季刊 黄海文化』編集主幹を務めながら、韓国で繰り広げられた各種の文学論争をリードした金明仁。近代化の中で常に民主主義と文学を問い続けてきた、韓国気鋭の批評家の論考を精選！

四六上製　三二〇頁　**三二〇〇円**
（二〇一四年六月刊）
◇978-4-89434-974-2

激動する朝鮮半島の真実

朝鮮半島を見る眼
〔「親日と反日」「親米と反米」の構図〕

朴一

対米従属を続ける日本をよそに、変化する朝鮮半島。日本のメディアでは捉えられない、この変化が持つ意味とは何か。国家のはざまに生きる「在日」の立場から、隣国間の不毛な対立に終止符を打つ！

四六上製　三〇四頁　**二八〇〇円**
（二〇〇五年一一月刊）
◇978-4-89434-482-2

「食」からみた初の朝鮮半島通史

韓国食生活史
〔原始から現代まで〕

姜《カン》　仁《イン》姫《ヒ》
玄《ヒョン》順《スン》恵《ヒェ》訳

朝鮮半島の「食と生活」を第一人者が通史として描く記念碑的業績。キムチを初めとする厖大な品数の料理の変遷を紹介しつつ、食卓を囲む人々の活き活きとした風景を再現。中国・日本との食生活文化交流の記述も充実。

Ａ５上製　四八〇頁　**五八〇〇円**
（二〇〇〇年一二月刊）
◇978-4-89434-211-8

台湾人による初の日台交渉史

台湾の歴史
〈日台交渉の三百年〉

殷允芃編
丸山勝訳

オランダ、鄭氏、清朝、日本……外来政権に翻弄され続けてきた移民社会・台湾の歴史を、台湾人自らの手で初めて描き出す。「親日」と言われる台湾が、その歴史において日本といかなる関係を結んできたのか。知られざる台湾を知るための必携の一冊。

四六上製　四四〇頁　三二〇〇円
（一九九六年一二月刊）
◇978-4-89434-054-1

中国vs台湾――その歴史的深層

中台関係史

山本勲

中台関係の行方が日本の将来を左右し、中台関係の将来は日本の動向によって決まる――中台関係を知悉する現地取材体験の豊富なジャーナリストが歴史、政治、経済的側面から「攻防の歴史」を初めて描ききる。新時代の中台関係と東アジアの未来を展望した話題作。

四六上製　四四八頁　四二〇〇円
（一九九九年一月刊）
◇978-4-89434-118-0

台湾・民進党指導者の素顔

陳水扁の時代
〈台湾・民進党、誕生から政権獲得まで〉

丸山勝

二〇〇〇年三月の総統選において野党・民進党から劇的な当選を果たし、五〇年に及んだ国民党独裁に遂に終止符を打った陳水扁。台湾における戦後民主化運動の歴史を踏まえ、陳水扁登場の意味と、台湾と、日本・中国を含む東アジアの未来像に迫る。

四六上製　二二二頁　一八〇〇円
（二〇〇〇年四月刊）
◇978-4-89434-173-9

最後の〝火薬庫〟の現状と展望

「東アジアの火薬庫」中台関係と日本

丸山勝＋山本勲

人口増大、環境悪化が進行する中で海に活路を求める大陸中国と、陳水扁総統就任で民主化の新局面に達した台湾。日本の間近に残された東アジア最後の〝火薬庫〟＝中台関係の現状と展望を、二人のジャーナリストが徹底分析。日本を含めた東アジア情勢の将来を見極めるのに最適の書。

四六並製　二六四頁　二二〇〇円
（二〇〇一年二月刊）
◇978-4-89434-220-0

中国という「脅威」をめぐる屈折

近代日本の社会科学と東アジア

武藤秀太郎

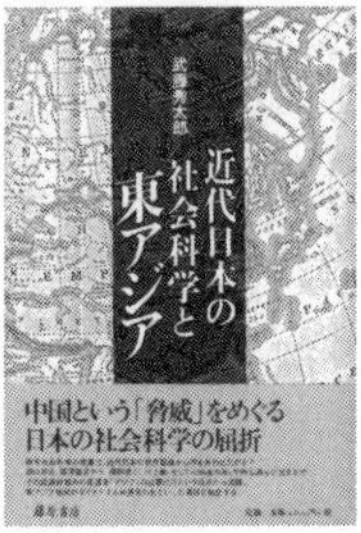

欧米社会科学の定着は、近代日本の世界認識から何を失わせたのか？　田口卯吉、福澤諭吉から、福田徳三、河上肇、山田盛太郎、宇野弘蔵らに至るまで、その認識枠組みの変遷を「アジア」の位置付けという視点から追跡。東アジア地域のダイナミズムが見失われていった過程を検証する。

Ａ５上製　二六四頁　**四八〇〇円**
（二〇〇九年四月刊）◇978-4-89434-683-3

「植民地」は、いかに消費されてきたか？

「戦後」というイデオロギー

（歴史／記憶／文化）

高　榮蘭

幸徳秋水、島崎藤村、中野重治や、「植民地」作家・張赫宙、「在日」作家・金達寿らは、「非戦」「抵抗」「連帯」の文脈の中で、いかにして神話化されてきたのか。「戦後」の「弱い日本」幻想において不可視化されてきた多様な「記憶」のノイズの可能性を問う。

四六上製　三八四頁　**四二〇〇円**
（二〇一〇年六月刊）◇978-4-89434-748-9

日・中・韓ジャーナリズムを問う

日中韓の戦後メディア史

李相哲編

市場化・自由化の波に揉まれる中国、〝自由〟と〝統制〟に翻弄されてきた韓国、メディアの多様化の中で迷う日本。戦後の東アジア・ジャーナリズムを歴史的に検証し、未来を展望する。**李相哲／鄭晋錫／小黒純／卓南生／渡辺陽介／李東官／斎藤治／劉揚／金泳徳／若宮啓文／西村敏雄／西倉一喜／李双龍**

Ａ５上製　三二八頁　**三八〇〇円**
（二〇一二年一一月刊）◇978-4-89434-890-5

トインビーに学ぶ東アジアの進路

文明の転換と東アジア

（トインビー生誕一〇〇年アジア国際フォーラム）

秀村欣二監修
吉澤五郎・川窪啓資編

地球文明の大転換期、太平洋時代の到来における東アジアの進路を、トインビーの文明論から模索する。日・韓・中・米の比較文明学、政治学、歴史学の第一人者らによる「アジアとトインビー」論の焦点。「フォーラム全記録」収録。

四六上製　二八〇頁　**二七一八円**
（一九九二年九月刊）◇978-4-938661-56-4

今、アジア認識を問う

「アジア」はどう語られてきたか
〈近代日本のオリエンタリズム〉

子安宣邦

脱亜を志向した近代日本は、欧米への対抗の中で「アジア」を語りだす。しかし、そこで語られた「アジア」は、脱亜論の裏返し、都合のよい他者像にすぎなかった。再び「アジア」が語られる今、過去の歴史を徹底検証する。

四六上製　二八八頁　三〇〇〇円
（二〇〇三年四月刊）
◇978-4-89434-335-1

日韓近現代史の核心は、「日露戦争」にある

歴史の共有体としての東アジア
〈日露戦争と日韓の歴史認識〉

子安宣邦＋崔文衡

近現代における日本と朝鮮半島の関係を決定づけた「日露戦争」を軸に、「一国化した歴史」が見落とした歴史の盲点を衝く！　日韓の二人の同世代の碩学が、次世代に伝える渾身の「対話＝歴史」。

四六上製　二九六頁　三二〇〇円
（二〇〇七年六月刊）
◇978-4-89434-576-8

著者渾身の昭和論

昭和とは何であったか
〈反哲学的読書論〉

子安宣邦

小説は歴史をどう語るか。昭和日本の中国体験とは何であったか。死の哲学とは何か。沖縄問題とは何か。これまで〝死角〟となってきた革新的な問い。時代の刻印を受けた書物を通じて「昭和日本」という時空に迫る。

四六上製　三二八頁　三二〇〇円
（二〇〇八年七月刊）
◇978-4-89434-639-0

なぜ「大正」を今、読み直さなければならないか？

「大正」を読み直す
〈幸徳・大杉・河上・津田、そして和辻・大川〉

子安宣邦

幸徳秋水・大杉栄の抹殺、河上肇『貧乏物語』と貧困・格差論、津田左右吉の「神代史」史料批判と和辻哲郎による『古事記』復興、大川周明による「日本精神」の呼び出しから、戦争へとつながる国家権力の暴走が大正時代にすでに兆していたことを読み解く。

四六上製　二六四頁　三〇〇〇円
（二〇一六年四月刊）
◇978-4-86578-068-0